ENCUENTROS

¡Apúntate! 1

Método de español

Cornelsen

Die folgenden aufgelisteten Angebote sind nicht obligatorisch abzuarbeiten. Die Auswahl der Übungen und Übungsteile richtet sich nach den Schwerpunkten des schulinternen Curriculums.

Jede **Unidad** trainiert alle kommunikativen und verschiedene methodische Kompetenzen. Folgende Schwerpunkte können gesetzt werden:

Unidad 1 Sprechen/Hören
Unidad 2 Sprechen/Lesen
Unidad 3 Hören/Sprachmittlung
Unidad 4 Hören/Sprechen
Unidad 5 Lesen/Hören
Unidad 6 Sprechen/Hören
Unidad 7 Lesen/Schreiben
Unidad 8 Sprechen/Schreiben
Unidad 9 Hören/Sprechen
Unidad 10 Lesen/Sprechen
Unidad 11 Lesen

¡HOLA!

1|2

PRACTICAR

1 Begrüßt euch gegenseitig und fragt, wie es euch geht.

¡Buenos días! — Hola, [•••]. — Hola, [•••], ¿qué tal? — Muy bien, ¿y tú?

2 Sucht euch einen Namen aus und fragt euch gegenseitig danach.

2|1

Me llamo Ana. Y tú, ¿cómo te llamas? — Me llamo Paco.

Toña Ana Tere Elena Clara Cristina Paloma Lola	Paco Roberto Felipe Javi Manolo Pedro Juan

ESCUCHAR

3 Escucha y contesta. | Höre zu und antworte.

1|3

DESCUBRIR

4 Welche Zeichen und Satzzeichen gibt es nicht im Deutschen? Suche Beispiele im Text.

EN LA CLASE

2|2 3|3 3|4

ESCUCHAR Y REPETIR

1|4 **5 a** Escucha y busca las palabras en el dibujo. | Höre zu und suche die Wörter in der Zeichnung. Schreibe den Buchstaben, der zu jedem Wort gehört, in dein Heft. Wie lautet die Lösung?

1|4 **b** Escucha y repite. | Höre zu und wiederhole.

6 a Escribe las palabras en tu cuaderno. | Schreibe die Wörter in dein Heft.
la silla, el estuche, la ventana, mañana, la mesa, hola, la pizarra

1|5 **b** Escucha y subraya las letras. | Höre zu und vergleiche: Unterstreiche die Buchstaben, die anders ausgesprochen werden als im Deutschen.

DESCUBRIR ▸▸ Resumen 3, página 18

7 a Betrachte die Wörter in der Zeichnung. Welche Nomen sind männlich? Welche weiblich?
Tipp: Zwei Wörter geben dir einen deutlichen Hinweis, wie du beide unterscheiden kannst. Welche sind das?

b Sortiere alle Nomen in zwei Listen und schreibe die männlichen in blau, die weiblichen in rot.

PRACTICAR

8 Pregunta y contesta. | Frage nach Dingen in der Klasse, deren spanischen Namen du schon kennst. Dein/e Mitschüler/in antwortet.

¿Cómo se dice «der Füller» en español?

Se dice «la pluma».

EL ALFABETO

1|6

a	a	**A**licante
b	be	el **b**oli
c	ce	gra**c**ias, ¿**c**ómo?
ch	che	la mo**ch**ila
d	de	el cua**d**erno
e	e	**e**l **e**uro
f	efe	el pro**f**esor
g	ge	el cole**g**io, la **g**oma
h	hache	**h**ola
i	i	Fel**i**pe
j	jota	**J**avi
k	ka	el **k**ilo
l	ele	el **l**ibro
ll	elle	la si**ll**a
m	eme	**m**añana
n	ene	A**n**a
ñ	eñe	Espa**ñ**a
o	o	el alumn**o**
p	pe	la **p**izarra
q	cu	¿**q**ué tal?
r	ere	la pa**r**ed
s	ese	**S**arah
t	te	**t**ú
u	u	el est**u**che
v	uve	la **v**entana
w	uve doble	la página **w**eb
x	equis	el e**x**amen
y	i griega	mu**y**
z	zeta	la ti**z**a

ESCUCHAR

1|7

9 Escucha la canción del alfabeto. | Höre das Alphabetlied. Welche Ortsnamen kennst du schon?

1|8

10 a Escucha y escribe. | Höre zu und schreibe mit. Lies dann die Wörter vor.

b Deletrea una palabra. | Buchstabiere ein Wort von Seite 8. Dein/e Mitschüler/in sagt das Wort.

11 Pregunta, escribe y lee la palabra. | Frage nach folgenden Gegenständen. Dein/e Lehrer/in sagt und buchstabiert das spanische Wort. Schreibe es auf und lies es vor.

¡AHORA SOY DE ALICANTE!

¡ACÉRCATE!

1|9

COMPRENDER

1 Relaciona. | Was gehört zusammen?

Muy bien, ¿y tú?

Hola, ¿qué tal?

¿De dónde eres?

¿Quién es él?

Tú eres de Alemania, ¿verdad?

Soy de Costa Rica.

Esteban.

Sí, soy de Hamburgo.

¿Cómo te llamas?

¡Ni idea!

ESCUCHAR

1|10

2 Escucha. | Höre zu. Begrüßen oder verabschieden sich die Personen?

PRACTICAR

4|1

3 Pregunta y contesta. | Begrüßt euch gegenseitig und fragt, wie es euch geht. So könnt ihr antworten:

1|11

4 a Escucha. | Höre zu und versuche dir zu merken, wie die Personen heißen.

¿Quién es él/ella?

Él/Ella es [...]. / ¡Ni idea!

b Pregunta a tu compañero/-a. Él / ella contesta. | Frage deine/n Mitschüler/in. Er / sie antwortet.

ESCUCHAR Y REPETIR

1|12

5 Escucha y escribe. | Höre zu und schreibe mit: Wie wird das v und das b ausgesprochen? Lies dann die Wörter vor.

1|13

5|4

6 a Escucha y repite. | Höre zu und sprich nach.

b Mira las palabras. | Schau dir die Wörter von **6a** an. Wann wird das c wie ein k ausgesprochen?

gra**c**ias ¿**c**ómo? **C**osta Ri**c**a
¡A**c**ér**c**ate! **c**uaderno **c**arpeta

ACTIVIDADES

4|2

5|3

7 a Mira el mapa. | Suche auf der Spanien- und der Lateinamerikakarte die Orte. Jede/r sucht sich dann einen Namen aus und den Ort, wo er / sie herkommt.

España / Madrid España / Sevilla
España / Alicante España / Bilbao
Costa Rica / San José Perú / Lima
Chile / Santiago Argentina / Buenos Aires

Juan Teresa Manolo Rafa
Cristina Lola Paloma
Javi Ana Elena Esteban José

b Preparad un diálogo y luego interpretad la escena. | Bereitet einen Dialog vor und spielt ihn vor: sich begrüßen, sich vorstellen, jemand anderen vorstellen …

A LOS AMIGOS DE ESTEBAN

1|14

Javi, Elena y Sarah son amigos. En el recreo los chicos charlan con Esteban, el compañero nuevo. Clara es la hermana de Esteban. Ellos son de Costa Rica, pero ahora estudian en el colegio San Vicente de Alicante.

Sarah es de Hamburgo. Habla alemán y ahora también habla español.

La profesora habla con Esteban y Clara.

La madre de Esteban se llama Patricia. El padre de Esteban se llama Luis y trabaja en el hotel «Mirasoles» de Alicante. En casa Esteban y los amigos de Costa Rica chatean por internet.

COMPRENDER

DELE **1** **Corrige las frases. | Korrigiere die Sätze.**

6|1

1. En casa Esteban chatea con los amigos de Alicante.
2. La madre de Esteban se llama Alicia.
3. El padre de Esteban trabaja en el hotel «Mirasoles» de Madrid.
4. Clara y Esteban son amigos.
5. En casa Sarah habla español.
6. En el colegio los chicos hablan alemán con Sarah.

ESCUCHAR Y REPETIR

1|15

2 a Escucha y repite. | Höre zu und sprich nach.
Was fällt dir auf?

amigo amiga Argentina
Hamburgo colegio Guatemala

b Schau dir die Wörter von 2a an:
Wann wird das g wie das ch in Buch ausgesprochen?

1|16

c Escucha la frase y repite.

DESCUBRIR

3 a Ergänze die fehlenden Formen.
Wie bildest du den Plural im Spanischen? ▸▸ Resumen 3, página 18

singular

el amigo
el chico

plural

los [•••]
los [•••]

singular

la amiga
la chica

plural

las [•••]
las [•••]

b Schlage nach im Resumen: Wie bildest du den Plural von Nomen, die auf Konsonant enden?

c Bilde den Plural:
el alumno, la alumna, el hotel, la unidad, la profesora, el hermano, la hermana, la actividad

7|5 **4 a** Relaciona. | Was gehört zusammen?

nosotras tú ellos yo vosotros
vosotras ella nosotros ellas él

ich er es ihr
du sie wir sie

b Für welche deutschen Pronomen gibt es zwei Formen im Spanischen?
Welches deutsche Pronomen gibt es nicht im Spanischen?

PRACTICAR

7|4 **5 a** Completa las frases con una forma de ser. |
Ergänze die Sätze mit einer Form von ser. ▸▸ Resumen 1, página 18

1. – Tú [•••] de Costa Rica, ¿verdad? – Sí, [•••] de San José.
2. – ¿Quién [•••] ella? – [•••] Sarah, la amiga de Elena.
3. – ¿Vosotros [•••] de Alemania? – Sí, [•••] de Berlín.
4. – Y vosotras, ¿también [•••] de Alemania? – Sí, [•••] de Hamburgo.
5. – Elena, Sarah y Esteban [•••] compañeros en el cole. – ¡Y ahora también [•••] amigos!
6. – Tú [•••] Esteban, ¿verdad? – Sí, [•••] el compañero nuevo.

b Escribe las frases en tu cuaderno. | Schreibe die Sätze in dein Heft.

7|6
8|7

6 Jugad en grupos de tres con un dado. | Spielt zu dritt mit einem Würfel. **A** bestimmt ein Verb aus der Liste. **B** würfelt und konjugiert das Verb in der entsprechenden Form. **C** schreibt die Form auf. **A** kontrolliert. Welche Gruppe ist die beste?

charlar
chatear
estudiar
hablar
trabajar

- ⚀ yo
- ⚁ tú
- ⚂ él / ella
- ⚃ nosotros / nosotras
- ⚄ vosotros / vosotras
- ⚅ ellos / ellas

8|8

7 Forma frases. | Bilde Sätze. Wer findet mehr als sechs? ▸▸ Resumen 1, página 18
Tipp: Denke daran, die Verben zu konjugieren!

[Yo]		en el colegio.
[Tú]		en Alicante.
Elena	*charlar*	por internet.
El padre de Esteban	*chatear*	con el chico.
[Nosotros]	*hablar*	con los amigos.
[Vosotras]	*trabajar*	con los alumnos.
Elena y Sarah	*estudiar*	en casa.
Los profesores		alemán.
Los amigos de Esteban		español.
		en el hotel «Mirasoles».

8 Completa los diálogos.

VOCABULARIO

9 Relaciona. | Was passt zusammen? Beispiel: *la mesa – la silla*

el cuaderno · el recreo · el hermano · la hermana · la pizarra · el libro

la mesa · la tiza · el amigo

la silla · la amiga · la madre

el padre · español · la profesora · el colegio · alemán · el alumno

ESCUCHAR

DELE **10** Escucha y apunta. | Höre zu. Suche zu jedem Satz die passende Szene und notiere die Nummern in der richtigen Reihenfolge.

1|17

Um einen Text zu verstehen, musst du nicht alle Wörter schon kennen!

ACTIVIDADES

11 Presenta a Sarah Brinkmann. | Stelle Sarah vor.

6|2
8|9

B EN ALICANTE

1

el puerto

2

3

4

la plaza Puerta del Mar

6

5

la playa del Postiguet

7

APRENDER MEJOR

9|1
9|2

1 **Die Bedeutung von unbekannten Wörtern herausfinden**
Überlege, was die Wörter auf den Fotos bedeuten.

Destreza
Wenn du ein unbekanntes Wort siehst, überlege:
- ob du ein ähnliches Wort in einer anderen Sprache kennst.
- was dir noch helfen könnte, das Wort zu verstehen.

BÚSQUEDA DE INFORMACIÓN

2 a Busca en el plano de Alicante, página 189, la Plaza España.

b Suche auf den Seiten 139–141 (**Pequeño diccionario de cultura y civilización**) Informationen über Alicante.

RESUMEN DE GRAMÁTICA

GH 5|1

1 Los verbos | Die Verben

GH 5|1.2

1.1 El verbo ser | Das Verb ser

	ser	
«Hola,	**soy**	Esteban.»
«Esteban, ¿	**eres**	de Costa Rica?»
«¿Quién	**es**	Rafa?»
«Ahora	**somos**	amigas de Esteban.»
«Chicas, ¿	**sois**	de España?»
Sarah y Elena	**son**	también amigas.

GH 5|1.1

1.2 Los verbos en -ar | Die Verben auf -ar

	hablar	
«En casa	habl**o**	alemán.»
«Esteban, ¿	habl**as**	también español?»
Rafa	habl**a**	con Javi.
«En el colegio	habl**amos**	con Esteban.»
«Chicos, ¿	habl**áis**	alemán?»
Sarah y Elena	habl**an**	en el recreo.

a Konjugiere das Verb charlar.

b Woran erkennst du in einem spanischen Satz, welche Person gemeint ist? Wie viele Wörter hat ein deutscher Satz mindestens? Wie viele ein spanischer?

GH 6|2

2 El pronombre personal sujeto | Das Subjektpronomen

Yo	me llamo Sarah.
Tú,	¿cómo te llamas?
Él / Ella	es de Alicante.
Nosotros / Nosotras	estudiamos en el colegio.
Vosotros / Vosotras	sois de aquí, ¿verdad?
Ellos / Ellas	hablan en el recreo.

GH 7|3.1

3 El artículo determinado y el sustantivo | Der bestimmte Artikel und das Nomen

singular	el	cuadern**o**	la	gom**a**
	el	colegi**o**	la	mochil**a**
	el	profeso**r**	la	pare**d**
plural	los	cuadern**os**	las	gom**as**
	los	colegi**os**	las	mochil**as**
	los	profesor**es**	las	pared**es**

Suche drei Nomen, die im Spanischen ein anderes Geschlecht haben als im Deutschen.

¡ANÍMATE!

1|18

¿Lo adivinarás?
Kannst du's erraten?

Niños y niñas
con sus profesores,
pupitres y sillas,
pizarras y flores,
libros y cuadernos,
tizas, borradores,
muchos lapiceros
de varios colores.
Allí tú vas.
¿Lo adivinarás?

1 Lee el poema. | Lies das Gedicht vor.

2 Suche für die Zeilen 1–6 andere Nomen und schreibe selbst ein Gedicht.
Tipp: Verwende die Wörter von Seite 8.

EN LA CALLE

¡ACÉRCATE!

1|19

Alicante es una ciudad en España y la Explanada de España es una calle en el centro de Alicante. ¿Qué hay allí? Pues hay tiendas, hoteles y … ¡mucho más! ¡Mira!

1 Hay una heladería,

2 hay una panadería

5 un restaurante,

6 y hay un cibercafé, ¡por supuesto!

3 y también hay un kiosco.

4 Además hay un cine,

7 ¿Qué más hay? Ah, un castillo. Es el castillo de Santa Bárbara. Y también hay una playa, ¡claro!

BÚSQUEDA DE INFORMACIÓN

1 **a** Mira el plano de Alicante en la página 189 y busca el castillo de Santa Bárbara y la Explanada de España.

b ¿Cómo se llama la playa?

c Busca información sobre el castillo, la Explanada de España y la playa en el **Pequeño diccionario de cultura y civilización** de las páginas 139–141.

DESCUBRIR

▸▸ Resumen 2, página 28

12|1
12|2

2 a ¿Qué hay en el centro de Alicante? Apunta las palabras en tu cuaderno. | Notiere die Wörter in dein Heft.
Ejemplo: un kiosco

b Welche der Wörter, die du notiert hast, sind weiblich? Woran kannst du das erkennen? Welche Wörter sind männlich?

c Ergänze den unbestimmten Artikel.
– ¿Hay [•••] hotel en la Explanada de España? – Sí, claro, el hotel «Mirasoles», mira, allí.
– Hay [•••] heladería en el centro. Es la heladería «La Valenciana».

ACTIVIDADES

12|3

3 Interpretad el diálogo. | Spielt den Dialog. Verwendet die Wörter aus der Übung **2a** und die Straßennamen aus dem Stadtplan.

ESCUCHAR Y REPETIR

1|20

4 a Escucha y lee. | Höre zu und lies mit. Achte auf die Aussprache von r. Was fällt dir auf?

pad**r**e	mi**r**a	pe**r**o	**r**estau**r**ante	piza**rr**a
panade**r**ía	cha**r**la**r**	ciberc**a**fé		
Santa Bá**r**ba**r**a	**R**oberto	**r**egula**r**	Costa **R**ica	

1|21

b Escucha la frase y repite.

A EN EL BARRIO SAN BLAS

1|22 Javi, Elena y Sarah viven en el barrio San Blas de Alicante. Ahora Esteban también vive allí y descubre poco a poco el barrio.

Elena: Mira, Esteban, ésta es la Avenida Adolfo Muñoz Alonso. Aquí vivo yo. Aquí cerca hay una academia de danza. Allí aprendo baile español.
Javi: ¿Qué? ¿Tú aprendes baile español?
Elena: Sí, Javi, yo. ¿Y qué?
Javi: Vale, vale …
Esteban: Oye, Javi, y tú, ¿dónde vives?
Javi: Pues por aquí cerca, en la calle Ciudad Real. En la esquina hay una hamburguesería. A veces comemos allí.
Elena: ¿Qué? ¿A veces coméis allí? ¿A veces?
Javi: Pues sí, Elena, a veces. ¿Y qué?
Sarah: Chicos, ¡basta ya! Esteban, tú vives en la calle Juanito Santero, ¿verdad?
Esteban: Sí, y allí cerca hay un estadio.
Sarah: Claro, es el estadio de Alicante.
Esteban: Y vosotros, ¿dónde vivís?
Sarah: Vivimos en la calle Pintor Gisbert. Allí, en el cibercafé, leo revistas en alemán y escribo e-mails. Ah, y también hay una panadería, la panadería de papá.
Elena: Y aquí en la Plaza San Blas hay una heladería, ¿ves? ¿Tomamos un helado?
Javi: ¡Sí, yo sí! Y en la heladería también hay horchata.
Esteban: ¡Qué rico!

Elena: Oye, Sarah, y ellos, ¿quiénes son?
Sarah: Son los padres de Esteban, ¡creo!
Javi: ¿Y el helado?

COMPRENDER

1 Forma frases sobre los chicos. | Bilde Sätze über die Kinder.

13|1

[…] vive en la	calle Juanito Santero. calle Ciudad Real. Avenida Adolfo Muñoz Alonso. calle Pintor Gisbert.

Allí hay Allí cerca hay	un	estadio. cibercafé.
	una	hamburguesería. academia de danza.

■■■ DESCUBRIR

2 a Welche Formen des Verbs vivir findest du im Text? Übertrage die Tabelle in dein Heft und sortiere die Formen ein.

b Welche Formen der Verben aprender und comer findest du im Text? Trage sie ebenfalls in die Tabelle ein.

c Schaue ins Resumen und ergänze die fehlenden Formen. Vergleiche dann die Endungen der Verben: Welche unterscheiden sich? ▸▸ Resumen 1, página 28

	-ir	-er
[yo]	[•••]	[•••]
[tú]	[•••]	[•••]
[él / ella]	[•••]	[•••]
[nosotros/-as]	[•••]	
[vosotros/-as]	[•••]	
[ellos/-as]	[••	

■■■ PRACTICAR

3 Jugad en parejas con un dado. | A sucht sich ein Verb aus der Liste aus. B würfelt und nennt die konjugierte Form. Wechselt euch ab.

14|4
14|5

vivir descubrir aprender
comer leer escribir ver creer

⚀ yo ⚁ tú ⚂ él / ella ⚃ nosotros / nosotras ⚄ vosotros / vosotras ⚅ ellos / ellas

13|3 **4** Completa las frases con un / una o el / la. | Vervollständige die Sätze mit un / una oder el / la.

5 a Busca las palabras. | Suche die Wörter und schreibe sie in dein Heft.

13|2

b Forma frases. | Wer bildet die meisten Sätze mit den Wörtern aus der Aufgabe **a**? Verwende den unbestimmten und bestimmten Artikel.

Ejemplos: Sarah y Elena son amigas.
¿Qué tal el helado?

14|6
14|7

6 Forma frases. | Bilde Sätze.
Tipp: Denke daran, die Verben im Infinitiv zu konjugieren.

1. En la Plaza Puerta del Mar		la ciudad.
2. San Blas	*leer*	cibercafés.
3. José Enrique	*escribir*	un e-mail.
4. Esteban	*tomar*	un barrio de Alicante.
5. Alicante	*ser*	tiendas.
6. En la calle Colón sólo	*descubrir*	revistas en alemán.
7. Sarah		restaurantes, tiendas y … ¡mucho más!
8. Por aquí sólo	hay	el e-mail de Esteban.
9. Esteban		una ciudad en España.
10. Los amigos		un helado.

7 a Completa las frases. | Ergänze die Subjektpronomen und schreibe den Dialog in dein Heft.

Ana: Mira, ésta es la calle Goya. Aquí vivo [...]. Y [...], ¿dónde vives?
Juan: Pues en la calle Pintor Gisbert.
Ana: Ah, allí cerca vive Elena. [...] vive en la Avenida Adolfo Muñoz Alonso. En la esquina hay una academia de danza. Allí aprendemos baile español.
Juan: ¿Qué? ¿[...] aprendéis baile español?
Ana: Pues sí, [...] aprendemos baile español. ¿Y qué?
Juan: Vale, vale … Pues Manuel y [...] aprendemos alemán.
Ana: ¿Qué? ¿[...] aprendéis alemán?
Juan: Ana, por favor[1], ¡basta ya!

b Interpretad el diálogo en clase.

1 por favor *bitte*

15|8
15|9

8 a Formula las preguntas. Utiliza: ¿qué? ¿quién? ¿quiénes? ¿dónde?

b Formula más preguntas sobre los chicos. Tu compañero/-a contesta. | Stelle weitere Fragen über die Kinder wie in Übung **a**. Dein/e Mitschüler/in antwortet.

ESCUCHAR

1|23
15|10

9 a Escucha y contesta las preguntas. | Höre zu und beantworte die Fragen.

1. ¿Cómo se llama la chica?
2. ¿De dónde es?
3. ¿Dónde vive?
4. ¿Con quién chatea en el cibercafé?
5. ¿Con quién charla en el recreo?
6. ¿Qué aprende en la academia de danza?

1|23

b Escucha otra vez. | Höre noch einmal zu. Was verstehst du noch?

ACTIVIDADES

15|11

10 Dibuja y describe una calle. | Zeichne eine Straße. Gib ihr einen Namen und beschreibe sie deinen Mitschülern.

En la calle Goya hay un/a [...].
En la esquina [...].

B SALUDOS DE SAN JOSÉ

1|24

Para: esteban_quesada@terra.es
Asunto: ¿Qué tal Alicante?

¡Hola, Esteban!
¿Qué tal España? ¿Cómo es Alicante? ¿Y el colegio? ¿Cómo son los compañeros? ¿Y los profes? ¿Qué tal Clara y Paula?
Aquí, en San José, todo[1] muy bien y el cole …, ¡pues como siempre!

Saludos[2],
José Enrique

Para: jose_enrique_14@costarricense.cr
Asunto: Re: ¿Qué tal Alicante?

¡Hola, José Enrique!
Alicante es genial. Claro, hay playas, hoteles, restaurantes … ¡pero además hay un castillo de verdad!
Mis[3] compañeros de colegio, Elena, Sarah, Javi, y yo ya[4] somos una pandilla[5].
Siempre estudiamos juntos[6] y después[7] tomamos un helado o una horchata. (La horchata es típica de aquí.) A veces también comemos algo[8] en la panadería de los padres de Sarah. Sarah es alemana y habla alemán. Guten Tag! (¡Es alemán!)
Los profesores en el colegio son como los profesores en San José … ¡Los profes son siempre profes!
Y mis hermanas … Clara, muy bien y Paula … ¡no sé! Paula y yo … como el perro y el gato[9], como siempre.

Saludos y hasta luego,
Esteban

1 todo *alles*
2 el saludo *Gruß*
3 mis *meine*
4 ya *schon*
5 la pandilla *Bande, Clique*
6 junto/-a *zusammen*
7 después *danach*
8 algo *etwas*
9 como el perro y el gato *wie Hund und Katze*

APRENDER MEJOR

18|1
18|2
18|3

1 Einen spanischen Text verstehen (I)

a Um was für Texte handelt es sich? Woran erkennst du das?

b Schau dir den ersten Text an und finde möglichst viele Informationen über die Person, die den Text geschrieben hat.

c Schau dir den zweiten Text an: Wer hat ihn geschrieben? Wer ist wohl José Enrique?

2 a Lies beide Texte. Wovon handeln sie?

b Was bedeuten die Wörter genial, los profes, de verdad?

ACTIVIDADES

DELE

3 Escribe un e-mail a Esteban. | Schreibe Esteban eine E-Mail. Welche Elemente aus den beiden Texten kannst du verwenden?

Destreza
Du musst nicht jedes Wort kennen, um einen Text zu verstehen. Seine Gestalt, die Überschrift oder Bilder helfen dir zu verstehen, worum es geht.

Manche Wörter kannst du verstehen, weil
- sie denen einer Sprache ähneln, die du schon sprichst, z. B. típica → typisch, *engl.* typical
- du ein anderes Wort aus derselben Wortfamilie kennst, z. B. alemana → Alemania
- du sie aus dem Kontext erschließen kannst, z. B. Saludos y hasta luego am Ende eines Briefes oder einer E-Mail.

RESUMEN DE GRAMÁTICA

GH 9|5 **1** **Los verbos | Die Verben**

1.1 Los verbos en -er e -ir | Die Verben auf -er und -ir

comer

A veces	com**o**	en el restaurante «Don Quijote».
Sarah, ¿siempre	com**es**	en casa?
Javi	com**e**	mucho en el colegio.
A veces también	com**emos**	en la Plaza San Blas.
¿Vosotros	com**éis**	en la panadería de los padres de Sarah?
Esteban y Javi	com**en**	en la hamburguesería.

vivir

Elena:	viv**o**	en la Avenida Adolfo Muñoz Alonso.
Esteban, ¿	viv**es**	por aquí?
Javi	viv**e**	en una calle con una hamburguesería.
Ahora	viv**imos**	en Alicante.
¿Vosotros	viv**ís**	en el barrio San Blas?
Los chicos	viv**en**	en España.

a Konjugiere die Verben aprender und escribir.

b Vergleiche mit der Konjugation von hablar, Seite 18: Was ist gleich? Was ist anders?

GH 9|6

1.2 El verbo ver | Das Verb ver

ver

Por supuesto	v**eo**	la calle.
¿Tú	v**es**	el cibercafé?
Él	v**e**	el kiosco.
Nosotros	v**emos**	el restaurante.
Vosotros	v**eis**	la panadería.
Ellos	v**en**	la tienda.

GH 10|7 **2** **El artículo indeterminado | Der unbestimmte Artikel**

singular	**un**	libr**o**	**una**	sill**a**
	un	restaurant**e**	**una**	call**e**
	un	hote**l**	**una**	ciuda**d**
plural		libro**s**		silla**s**
		restaurante**s**		calle**s**
		hotel**es**		ciudad**es**

GH 10|8 **3** **El pronombre interrogativo quién | Das Fragewort quién**

¿**Quién** es Javi?
¿**Quiénes** son Javi y Elena?

¡ANÍMATE!

1 Relaciona. | Wo kannst du diese Dinge kaufen?

las frutas

el pastel

la horchata

el libro

el bocadillo

el pan

2 Presenta tu barrio. |
Fertige eine Collage mit den Geschäften in deinem Viertel an.

EN CASA

¡ACÉRCATE!

1|25

Encima de la cama está «mi rincón de los deportes», ¿ves?

Y aquí, al lado de la cama, está el escritorio para estudiar, para leer y … ¡el ordenador para chatear! Genial, ¿no?

Mira: éste es mi rincón favorito, entre la estantería y la ventana. Aquí escucho música y leo revistas.

■■■ COMPRENDER

1 Mira las fotos y formula adivinanzas para tu compañero/-a. Utiliza: | Formuliere Rätsel. Verwende:

20|2
21|3
21|4

Está	encima enfrente al lado	del [•••]. de la [•••].
	entre el / la [•••] y el / la [•••].	

Está al lado del escritorio.

¡Es el / la [•••]!

de + el = del (escritorio)

ESCUCHAR Y REPETIR

1|26

2 Escucha las frases y repite.

APRENDER MEJOR

3 **Vokabeln leichter behalten (I)**

Lege in deinem Heft ein Wörternetz zu den Themen la habitación und la ciudad an.
Schreibe die Nomen mit dem bestimmten Artikel.

[•••] la ventana
la habitación
la puerta [•••]

la calle
la ciudad
[•••] el colegio

Destreza
Du behältst Vokabeln besser, wenn du Wörter, die zu einem Thema gehören, zusammen lernst. Du kannst zum Beispiel auf einer Vokabelkarte ein Wörternetz anlegen und im Laufe der Zeit neue, dazu passende Wörter ergänzen.

ACTIVIDADES

20|1

4 a Mira las fotos en las páginas 30 y 31 y describe la habitación de Esteban.
Utiliza: En la habitación de Esteban hay un / una …

b A jugar. | Eine/r beginnt mit dem Satz En mi habitación hay un / una … und nennt einen Gegenstand. Der/die Nächste wiederholt den Satz und ergänzt einen weiteren Gegenstand usw. Wer einen Fehler macht, scheidet aus.

En mi habitación hay una puerta …

En mi habitación hay una puerta y una ventana …

1|27

5 a Escucha el poema.

En mi ciudad hay un barrio,
sí, sí, el barrio San Blas.
En mi barrio hay una calle,
sí, sí, la calle San Pedro.
En la calle San Pedro hay una casa,
sí, sí, es mi casa.
Y en mi casa hay una habitación,
sí, sí, es mi habitación.
Y en mi habitación hay un escritorio,
sí, sí, es mi escritorio.
En mi ciudad, en mi barrio, en mi calle,
en mi casa, en mi habitación, en mi escritorio
hay un libro, mi libro.
En mi libro hay un poema, mi poema.
Y en el poema hay «En mi ciudad hay un barrio …»

b Ahora escribe tu poema.

A ELENA Y SUS COSAS

1|28

Elena y su madre viven en un piso de la Avenida Adolfo Muñoz Alonso. La madre de Elena es médica y trabaja en un hospital cerca de casa. Ahora llega a casa con Paco, su compañero.

Madre: ¡Elena! … ¿Dónde estás?
Elena: Estoy en mi habitación. Mamá, ¿dónde está mi móvil?
Madre: Ay, Elena, ¡otra vez! Seguro que está en tu chaqueta, como siempre.
Elena: No, mamá, el móvil no está allí.
Madre: Pues muy bien. Así hablas más con tu madre y menos con tus amigos.
Elena: Mamá, ¡por favor! Necesito mi móvil.
Madre: ¿Y no está en el salón?
Elena: Tampoco.

La madre mira por la puerta del salón y ve un montón de cedés: encima de la mesa, debajo de la mesa, al lado de la mesa y también en el sillón.

Madre: Elena, ¡tus cedés todavía están en el salón …!
Elena: Sí, ¡y tus revistas también! ¡Pero mi móvil no!
Madre: Bueno, bueno …, ¿y en tu mochila?
Elena: En mi mochila sólo están mis cosas del cole. Oye, mamá, ¿Paco no está?
Madre: Sí, sí, está en la cocina. Ya es casi hora de comer …

Elena: ¡Mi móvil! ¡Es mi móvil! … Aquí está … ¡en el baño!
Madre: ¡Ay, no!

COMPRENDER

DELE **1** Corrige las frases incorrectas. | Korrigiere die Sätze, die falsch sind.

22|1

1. Elena y su madre viven en una casa de la Avenida Adolfo Muñoz Alonso.
2. La madre de Elena es médica, pero no trabaja.
3. Paco es el compañero de la madre de Elena.
4. Elena está en su habitación y busca su móvil.
5. Paco necesita su móvil.
6. En el salón hay un montón de revistas y cedés.
7. El móvil está en la mochila.
8. La madre de Elena habla con Esteban.

ESCUCHAR Y REPETIR

1|29

2 a Escucha y repite.

habita**c**ión ca**s**a pi**z**arra
siempre ti**z**a pi**s**o **c**edé
fra**s**e co**c**ina profe**s**or

1|30

b Escucha las frases y repite.

DESCUBRIR

3 a Lee las frases. | Wo steht das Verneinungswort im Spanischen? Achte auf das Verb.

▸▸ Resumen 3, p. 38

– Seguro que tu móvil está en tu chaqueta. – No, mamá, **no** está allí.
– El padre de Elena **no** vive en Alicante.

b Ordena las frases. | Stelle die Sätze wieder her. ▸▸ Resumen 3, p. 38

1. busca / de / Elena / la / no / móvil / madre / el
2. chaqueta / móvil / la / no / el / en / está
3. vive / el / Alicante / no / en / padre / Elena / de
4. en / no / hospital / Paco / el / trabaja
5. el / aprende / en / Elena / no / colegio / alemán

PRACTICAR

4 A benennt einen Gegenstand im Klassenraum falsch. B korrigiert und bildet den nächsten falschen Satz. ▸▸ Resumen 3, p. 38

Ejemplo: Es una mesa. – No, no es una mesa, es una pizarra.

▸ 22|3 **5** Completa las frases con una forma de estar. ▸▸ Resumen 1, p. 38

DELE **6** **Completa los diálogos con una forma de ser o estar.** ▸▸ Resumen 1, p. 38

22|4
22|5

1a – Éstos [...] tus libros, ¿verdad?
– No, [...] los libros de Isabel.

2a – ¿Quién [...] Raúl?
– [...] el padre de Juan. [...] profesor.

3a – Éste [...] mi rincón favorito.
– ¡Genial!

4a – Nosotros [...] de Colombia, y vosotras, ¿de dónde [...]?
– Ella [...] de Alemania y yo [...] de Argentina.

1b – ¿Dónde [...] los libros?
– [...] en la estantería.

2b – Rafa, ¿dónde [...]?
– [...] en mi habitación, mamá.

3b – ¿Dónde [...] tu habitación?
– [...] al lado del salón.

4b – Vosotros [...] en la clase de Laura, ¿verdad?
– Sí, [...] en su clase.

7 **Pregunta a tu compañero/-a. Él / Ella contesta. | Frage deine/n Mitschüler/in. Er / Sie antwortet.**

23|7
23|8
24|9

– ¿Éste – ¿Ésta	es tu [...]?	– Sí, es mi [...]. – No, es el / la [...] de [...].
– ¿Éstos – ¿Éstas	son tus [...]?	– Sí, son mis [...]. – No, son los / las [...] de [...].

22|2 **8 a** **Busca las parejas.**

el barrio aquí la cama
éste es también sí un libro
entre debajo de mis
la habitación el médico, la médica

la calle encima de no
ésta es tampoco el piso
allí el escritorio al lado de
un cedé el hospital tus

b **Utiliza palabras del ejercicio 8a para escribir un texto.**
También puedes utilizar: buscar, estar, necesitar, ser, trabajar, vivir.

c **Wer bildet den längsten Satz?**

habitación | la | está | la | enfrente | y | lado | puerta
del | escritorio | la | Esteban | de | en | cama | al | de

ESCUCHAR

1|31 24|10 DELE

9 a Mira la habitación de Carmen y escucha. | Wenn du einen falschen Satz hörst, melde dich und korrigiere ihn.

23|6 24|11

b A jugar. | Verstecke einen Ball in Carmens Zimmer.
Dein/e Mitschüler/in muss ihn finden. Tauscht dann die Rollen.

¿Está	al lado debajo encima enfrente	del [...]? de la [...]?	No, no Tampoco Sí,	está allí.
	en el / la [...]? entre el / la [...] y el / la [...]?			

c Describe tu habitación o tu habitación ideal. Tu compañero/-a la dibuja.

ACTIVIDADES

24|12

10 Escribid el diálogo entre Clara y su hermana Paula. Luego interpretad la escena. Utilizad:

ay … ¡otra vez!
seguro que
¡por favor!
como siempre
pues no sé
ni idea
¡mira!

B EL PROBLEMA DE AMALIA

1|32

Mi problema es:

¿Cómo ordeno mi habitación?

¡Siempre es un caos! Mi chaqueta está en la estantería, al lado de mis cedés, mis libros en el armario y mi mochila debajo de la cama. ¿Por qué?[1] No sé. Necesito ayuda[2], por favor.

Amalia, 12 años

Tu habitación es tu rincón favorito.
Allí estás siempre y allí están tus cosas. Allí escuchas música, lees, estudias o hablas con tus amigos. Pero … ¡el caos siempre es un problema! Buscas tus cosas para el cole y necesitas un montón de tiempo[3] para preparar tu mochila. Y siempre llegas tarde al colegio. Imagínate[4]: tus amigos te llaman[5] y tú no contestas porque[6] buscas tu móvil. Está en tu escritorio debajo de tus libros. Y seguro que llegan tus amigos y no hay una silla libre para charlar, ¿verdad? Mira, para ordenar tu habitación necesitas un plan.
Un día[7] ordenas tu escritorio y tus libros, otro día el armario y tu ropa[8], más tarde la estantería y el fin de semana tus revistas y tus cedés.

según: Okapi, no. 59

1 ¿por qué? *Warum?*
2 la ayuda *Hilfe*
3 el tiempo *Zeit*
4 imagínate *stell dir vor*
5 llamar *rufen, hier anrufen*
6 porque *weil*
7 el día *Tag*
8 la ropa *Kleidung*

COMPRENDER

26|1 **1** Busca en el texto la información y apunta en tu cuaderno.
Tipp: Notiere nur Stichworte.

Amalia:	su problema:	el plan:
[…]	[…]	[…]

APRENDER MEJOR

2 Einen spanischen Text auf Deutsch zusammenfassen

Erkläre einem Freund, der kein Spanisch versteht, Amalias Problem und was ihr die Zeitschrift rät.

Destrezas
Wenn du einen Text sinngemäß in einer anderen Sprache wiedergeben willst, musst du nicht alles übersetzen, sondern das Wichtigste zusammenfassen:
- Lies zunächst den ganzen spanischen Text durch.
- Überlege, worauf es ankommt. Nicht alles ist wichtig.
- Notiere die wichtigsten Informationen (nur Stichworte, keine Sätze!).
- Formuliere dann auf Deutsch.

ACTIVIDADES

3 Dibuja la habitación de Amalia.

RESUMEN DE GRAMÁTICA

GH 11|9 **1** **Los verbos | Die Verben**

1.1 El verbo estar | Das Verb estar

	estar	
Mamá,	est**oy**	en mi habitación.
¿Dónde	est**ás**?	
Paco	est**á**	en la cocina.
Sí,	est**amos**	en la casa de Javi.
¿Vosotros	est**áis**	cerca de casa?
Rafa y Raúl	est**án**	en el colegio.

Welche Endungen des Verbs estar sind „unregelmäßig"?

GH 11|10 1.2 El uso de ser y estar | Der Gebrauch von ser und estar

Es Diego.
Es de Alicante.
Es alumno.

Diego **está** en la calle.
Su casa **está** al lado de la panadería.

Wann verwendest du estar?

GH 12|11 **2** **El artículo contracto del | Der zusammengezogene Artikel del**

La pluma está encima	**del** libro.
	de la mesa.
	de los cuadernos.
	de las carpetas.

GH 12|12 **3** **La negación | Die Verneinung**

El móvil de Elena **no** está en el salón, está en el baño.
¿Hay un hotel por aquí cerca? – No, por aquí **no** hay un hotel.

Welche Möglichkeiten gibt es, das spanische no ins Deutsche zu übersetzen?

GH 13|13 **4** **El determinante posesivo | Der Possessivbegleiter**

	singular			plural	
mi	libr**o**	plum**a**	**mis**	libr**os**	plum**as**
tu	libr**o**	plum**a**	**tus**	libr**os**	plum**as**
su	libr**o**	plum**a**	**sus**	libr**os**	plum**as**

GH 13|14 **5** **para + infinitivo | para + Infinitiv**

En mi habitación hay un ordenador **para** chatear.
Aquí está el escritorio **para** leer y estudiar.

¡ANÍMATE!

1 Es ist Samstag und du willst Elena einen Brief schicken, aber du brauchst noch Briefmarken. Bis wann musst du bei der Post sein?

2 Schau dir die Adresse an: Wo musst du klingeln, wenn du Elena besuchen willst?

1|33 **3** Escucha y mira el plano del piso. ¿Qué es el pasillo, el balcón, el dormitorio? ¿Dónde están?

REPASO 1, UNIDADES 1–3

ESCUCHAR

1|34

1 Escucha y corrige.

1. La madre de Elena habla con Sarah.
2. Elena está en la cocina.
3. Elena busca sus libros.
4. Están en su mochila.
5. Javi está en la calle.

VOCABULARIO

2 a Busca el intruso.

1. estudiar – hablar – escuchar – leer – escribir – trabajar
2. el amario – la puerta – la mesa – la silla – el cuaderno
3. la profesora – el médico – la clase – el alumno – la pizarra

b Forma frases con los intrusos. | Wer bildet den längsten Satz?

3 a Schau dir die Vokabelliste S. 150–151 an:

1. Bei welchen Wörtern findest du einen Hinweis auf ein englisches Wort?
2. Was musst du bei dem Verb estar beachten?
3. Wie sagt man „Hier ist es!" auf Spanisch?

b Ergänze die Lücken in der rechten Spalte. Dein/e Nachbar/in kontrolliert die Lösung.

APRENDER MEJOR

4 **Vokabeln leichter behalten (II)**

Schaue dir dir Vokabeln der **Unidad 3** (S. 149–151) an und überlege: Welche Wörter kannst du dir leicht merken? Welche Wörter findest du schwierig? Wiederhole diese Wörter regelmäßig, am besten einmal in der Woche.

debajo de

La silla está ***debajo de*** *la mesa.*

Destreza
Um neue Wörter wirklich zu behalten, musst du sie regelmäßig wiederholen. Du kannst zum Beispiel schwierige oder wichtige Wörter auf Karteikärtchen notieren. Notiere jeweils ein Wort auf einer Karte und schreibe die deutsche Übersetzung auf die Rückseite. Du kannst auch ein Bild dazu malen oder einen Beispielsatz. Mit diesen Kärtchen kannst du auch unterwegs lernen.

PRACTICAR

5 Corrrige. | Esteban hat eine E-mail verschickt. Was fehlt in diesem Text?

> Holx, José, ¿qué txl?
> xquí estxmos, en xlxcxnte. Vxvxmos en el bxrrxo Sxn Blxs, mxs xmxgos txmbxén vxven xquí. Por xquí cercx hxy un estxdxo (es el estxdxo de xlxcxnte), un cxstxllo, unx plxyx y ¡mucho más!

6 Completa con **mi**, **mis**, **tu**, **tus**, **su**, **sus**

Carlos: Mira, ésta es [...] hermana. Al lado está [...] amiga Carmen. [...] padres son de Costa Rica.
Ana: ¿Y de dónde son [...] padres?
Carlos: ¿[...] padres? Pues, son de Alicante, ¡claro!.
Ana: ¿Cómo se llama [...] hermana?
Carlos: Se llama Mónica.

7 **Completa con los verbos. Utiliza una forma de:**

Pedro [...] de Madrid, pero ahora [...] en Alicante, en la calle Mayor. La madre [...] profesora, el padre [...] médico y [...] en un hospital muy cerca. Su casa [...] al lado de un cibercafé. Allí, Pedro [...] y [...] e-mails o [...] con sus amigos de Madrid. Pedro [...] el barrio con sus amigos del colegio. Allí hay una plaza con un kiosco. A veces los chicos [...] un helado. En casa, Pedro [...] cedés o [...] en su habitación.

chatear descubrir
escuchar escribir
estar estudiar
leer ser tomar
trabajar vivir

8 **Haz una pregunta a tu compañero/-a. Él / Ella contesta. Utiliza:**

¿Dónde está / están [...]?
¿Quién es él / ella?
¿Quiénes son los chicos / las chicas allí?
¿Cómo se dice [...] en alemán / español?
¿Cómo se escribe la palabra [...] en español?
¿Qué tal [...]?
¿Cómo se llama el chico / la chica al lado de [...]?
¿Dónde | vives? / vive [...]?

ACTIVIDADES

9 **Describe el piso de Elena en la página 39. Utiliza:**

La cocina [...]	está	al lado enfrente	de la del	[...].
		entre el / la [...] y el / la [...].		

LA FAMILIA Y LOS AMIGOS

¡ACÉRCATE!

1. Fabio es el ~ de Luis.

2. Marta es la ~ de Manuel

3. Carmen es la ~ de Carlos.

4. Carmen es la ~ de Javi.

5. Cristina es la ~ de Javi.

6. Julio es el ~ de Cristina.

15. Mercedes y Fabio son los ~ de Javi.

16. Marta es la ~ de Luis.

17. Vera es la ~ de Rafa.

18. Julio es el ~ de Carmen.

19. Vera es la ~ de Carmen.

20. Carlos es el ~ de Javi.

1|35 **1 a** Escucha y busca las personas en el cuadro de la página 43.

1|36 **b** Escucha otra vez y completa. | Ergänze mündlich die Lücken im Hörtext.

2 ¡A jugar!

28|1 Spielregeln: Ihr benötigt einen Würfel pro Gruppe und einen Spielstein pro Spieler/in. Bildet Vierergrup-
28|2 pen und wählt einen Spielleiter. Jede/r würfelt der Reihe nach, zieht auf das entsprechende Feld,
28|3 vervollständigt den Satz und liest ihn vor.

14. Pablo es el ~ de Javi.

13. Manuel es el ~ de Luis.

12. Rafa es el ~ de Javi.

11. Antonia es la ~ de Carlos.

10. Cristina es la ~ de Rafa.

7. Carlos es el ~ de Cristina.

8. Manuel es el ~ de Pablo.

9. Gonzalo es el ~ de Pablo.

Die Spielleiter überprüfen die Antwort (Lösung S. 188). Ist der Satz nicht richtig, so kehren die Spieler zu dem Feld zurück, von dem sie gewürfelt haben. Wer als Erste/r beim Stammbaum angekommen ist, hat gewonnen.

A UN REGALO PARA JAVI

1|37

La familia de Javi busca un regalo para su cumpleaños. No es muy difícil porque las actividades favoritas de Javi son ver películas, leer libros y tocar la guitarra. Cristina y Carlos, los primos de Javi, tienen una idea: comprar un cedé porque Javi siempre escucha música. Su madre, la tía de Javi, compra un libro, porque Javi lee mucho. Rafa, el hermano de Javi, compra entradas para el cine. Sus regalos son muy bonitos … Sólo los abuelos de Javi tienen un problema.

También Elena, Sarah y Esteban buscan un regalo para su amigo. Están en casa de Sarah y charlan. ¿Un regalo interesante y bonito?

El padre de Sarah llega a casa. Tiene una panadería cerca de su casa.

COMPRENDER

1 a A contesta las preguntas 1–5 y escribe las respuestas en su cuaderno.
B contesta las preguntas 6–10 y escribe las respuestas en su cuaderno.

30|1

A
1. ¿Dónde hay una fiesta?
2. ¿Quién compra un libro?
3. ¿Quiénes son Cristina y Carlos?
4. ¿De qué hablan los chicos?
5. ¿Quién prepara un pastel de cumpleaños?

B
6. ¿Quién es Rafa?
7. ¿Quiénes tienen un problema?
8. ¿Cuántos años tiene Javi?
9. ¿Dónde están Elena, Sarah y Esteban?
10. ¿Quién tiene una panadería?

b Después A hace sus preguntas a B. B hace sus preguntas a A.

2 Escribe los números 1–6 en tu cuaderno. Después escucha las frases sobre el texto. Apunta para cada frase una c (=correcto) o una f (= falso) al lado de los números.

1|38

DESCUBRIR

3 Schreibe die Tabelle in dein Heft und ordne die Nomen mit dem passenden Adjektiv ein. Formuliere dann eine Regel: Worauf musst du bei den Adjektiven achten? ▸▸ Resumen 4, p. 50

	singular	plural
(m)	[•••]	[•••]
(f)	[•••]	[•••]

las actividades	estupendos
los cedés	estupendo
el libro	estupenda
la idea	estupendas

4 a Schreibe die Tabelle in dein Heft und ergänze sie mit einem passenden Nomen.
▸▸ Resumen 4, p. 50

	singular		plural	
(m)	[•••] genial	[•••] interesante	[•••] geniales	[•••] interesantes
(f)	[•••] genial	[•••] interesante	[•••] geniales	[•••] interesantes

una película
los libros
las películas
un libro

b Wie unterscheiden sich die Adjektive **genial** und **interesante** von den Adjektiven in Aufgabe **3**?

PRACTICAR

5 Escribe frases en tu cuaderno. | Wer findet die meisten Sätze?

32|9
32|10

los deberes el fútbol las ideas la película	*ser*	genial nuevo/-a interesante difícil

DELE **6** Esteban escribe un e-mail a un chico de Alemania. Completa las frases con los adjetivos de al lado.

33|12

Hola, Andreas: ¿qué tal?
Me llamo Esteban y vivo en Alicante, en el barrio San Blas.

1. No es un barrio [...], pero es muy [...].	interesante, bonito/-a
2. Tengo dos hermanas: Paula tiene 14 años y Clara tiene 10. Clara es mi hermana [...].	favorito/-a
3. En el cole aprende un montón de cosas [...], ¡son muy [...]¡	nuevo/-a, difícil
4. Mi amigo Javi tiene una guitarra [...], ¡es [...]!	nuevo/-a, genial
5. Mi habitación es [...], porque hay un montón de carteles.	bonito/-a
6. ¡Mi deporte [...] es el fútbol!	favorito/-a
7. No leo mucho, pero mi amiga Sarah es de Alemania y tiene un libro [...] con fotos de Hamburgo.	estupendo/-a

Hasta pronto, Esteban

7 a Escucha los números y repite.

1|39
1|40

b Mira el cuadro y escucha. Apunta el número que falta en tu cuaderno.

31|6
32|7

31|4
31|5

8 a Completa el texto con las formas del verbo **tener**. ▸▸ Resumen 1, p. 50

1. Javi: « [...] 11 años, pero el sábado es mi cumpleaños y cumplo 12.»
2. Esteban, Sarah y Elena [...] 12 años.
3. Javi: «Esteban, ¿cuántos años [...] tus hermanas?»
4. Esteban: «Paula [...] 14 años y Clara [...] 10.»
5. ¿Y cuántos años [...] vosotros en la clase?

b A jugar. | Jede/r sucht sich einen Namen aus. Fragt euch dann gegenseitig nach dem Alter und findet heraus, wie der/die Andere heißt.

Manuel, 13 Puri, 12 Ana, 14 María, 16
Rafa, 17 Vera, 15 Tomás, 11
Paco, 20 Roberto, 18 Cristina, 10

9 a Forma frases. ▶▶ Resumen 3, p. 50

33|11
33|12

1. El sábado hay una fiesta en	nuestro	regalos para Javi.
2. Mira, éste es	nuestra	ideas son siempre geniales.
3. En	nuestros	casa.
4. Éstos son	nuestras	barrio no hay un cine.
5. Oye, Elena, ¿tienes		amigo Javi.
6. Claro,		entradas para el cine?

b La madre de Elena habla con las chicas. Forma sus preguntas, después formula una respuesta.
Tipp: Vergiss nicht, die Verben zu konjugieren!

¡Hola, chicas! ¿De qué habláis?	De	vuestro vuestra vuestros vuestras	colegio, amigos, deberes, profesora, primas,	¿verdad?

No,	*hablar* de la película nueva *estudiar* para el examen de español *estudiar* juntas *buscar* un regalo para [...] *buscar* ideas para la fiesta del colegio *aprender* el vocabulario para mañana [...]

APRENDER MEJOR

10 **Verbformen leichter lernen (I)**

a Schreibe die Verben **llegar**, **escribir**, **leer**, **estar**, **ser** und **tener** auf je ein Kärtchen und sammele sie in einem kleinen Beutel.

Destreza
Du behältst Verbformen viel besser, wenn du sie immer wieder übst. Schreibe auf den Kärtchen z. B. die Verbendungen farbig und markiere die unregelmäßigen Verben. Auf die Rückseite kannst du die deutsche Übersetzung schreiben und auch einen Beispielsatz.

b Suche die Verben in der chronologischen Wortliste (S. 142–153) und ergänze deinen Beutel mit Verben, die du schon kennst.

c Spielt mit den Verben aus dem Beutel das Verbspiel von Seite 15.

ESCUCHAR

11 El sábado es el cumpleaños de Esteban. Escucha, después apunta los regalos de Esteban. | Wer kann sich an die meisten Geschenke erinnern?

1|41

VOCABULARIO

12 a Descubre el intruso.

1. el padre – la hermana – la abuela – la amiga – el primo
2. el e-mail – el ordenador – el lápiz – chatear – el internet
3. la fiesta – el cumpleaños – el regalo – los deberes – el pastel
4. tener un problema – ver una película – escuchar un cedé – leer un libro

b Inventa un ejercicio con un intruso para tus compañeros.

ACTIVIDADES

13 El sábado es el cumpleaños de Elena. Buscad un regalo para ella y preparad un diálogo. Utilizad:

+	–
leer ver películas baile español	fútbol escuchar música tocar la guitarra

¿Tenéis una idea?
No tengo ni idea.
Tengo una idea genial.
¿Por qué no compramos [...]?

¡Es	un regalo una idea	estupendo/-a! bonito/-a! genial!

Estupendo para ti, pero no para Elena.
Elena y [...] no son muy amigos/-as.
Ya tiene un montón de [...].
¡Pero por favor! ¡Elena no tiene cuatro años!

Vale, pues un / una [...].
Tienes razón.
Sí, es verdad.

14 a Schaue dir die Nachnamen von Esteban, Paula und Clara an. Woraus setzen sie sich zusammen?

P **b** Denke dir eine Familie aus und male den Stammbaum in dein Heft. Gib jedem Familienmitglied einen spanischen Namen. Stelle die Familie dann vor.
Tipp: Du kannst auch Fotos neben die Namen kleben.

Ejemplo: Ésta es mi hermana. Se llama Claudia Rojas Gómez.

B ¿QUÉ ES UNA PIÑATA?

1|42

En las fiestas de cumpleaños en Costa Rica y en México siempre hay una piñata. Es una figura de muchos colores con chocolate y golosinas. Los niños tienen los ojos vendados y golpean la piñata para tomar los chocolates y las golosinas.

¡Es muy divertido!

Necesitas:

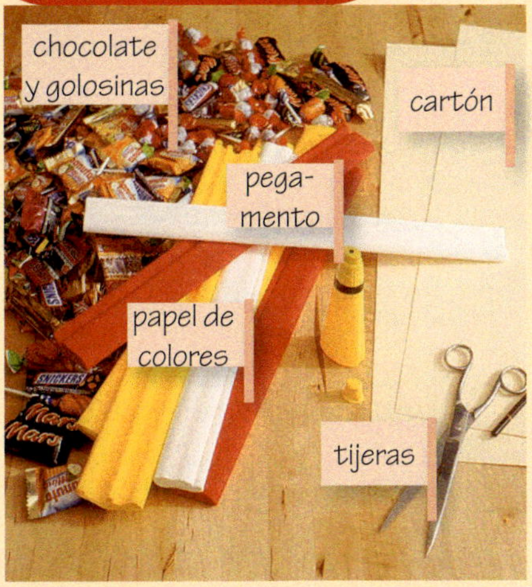

1 Dibujas la figura de tu piñata en dos piezas de cartón.

2 Cortas el cartón y unes las piezas con pegamento.

3 Decoras la piñata con el papel de colores.

4 Después rellenas la piñata con chocolate y golosinas.

COMPRENDER

1 Erkläre einem Freund, was eine **piñata** ist und was man damit macht.

34|1 34|2 34|3

2 a ¿Cómo se dice en español?

du schneidest	du klebst	du zeichnest	du füllst	du dekorierst

b Completa las frases.

1. Una piñata es […].
2. En México y Costa Rica […].
3. Para preparar una piñata necesitas […].
4. Para tomar los chocolates, los niños […].

RESUMEN DE GRAMÁTICA

GH 14|15 1 Los verbos | Die Verben

El verbo **tener** | Das Verb **tener**

	tener	
No	ten**go**	ni idea.
Sí,	t**ie**nes	razón.
Paquito	t**ie**ne	tres años.
Oye,	tenemos	un problema.
Chicos, ¿	tenéis	una idea?
Mis padres	t**ie**nen	una panadería.

Das Verb tener ist unregelmäßig. Woran erkennst du das?

GH 15|17 2 ¿Por qué? y porque | ¿Por qué? und porque

Oye, Paco, ¿ **por qué** lees el libro?
Leo el libro **porque** es interesante.

Was ist der Bedeutungsunterschied zwischen por qué und porque?

GH 14|16 3 El determinante posesivo | Der Possessivbegleiter

	♂	♀
singular	nuestr**o** amig**o** vuestr**o** amig**o** su amig**o**	nuestr**a** cas**a** vuestr**a** cas**a** su cas**a**
plural	nuestr**os** amig**os** vuestr**os** amig**os** sus amig**os**	nuestr**as** cas**as** vuestr**as** cas**as** sus cas**as**

Wie sagst du **su regalo** auf Deutsch?

GH 16|18 4 Los adjetivos | Die Adjektive

	♂		♀	
singular	Tengo **un** libr**o** … **El** regal**o** es …	estupend**o**.	Tengo **una** películ**a** … **La** ide**a** es …	estupend**a**.
	Tengo **un** libr**o** … **El** regal**o** es …	genial. interesante.	Tengo **una** películ**a** … **La** ide**a** es …	genial. interesante.
plural	Tengo libr**os** … **Los** regal**os** son …	estupend**os**.	Tengo películ**as** … **Las** ide**as** son …	estupend**as**.
	Tengo libr**os** … **Los** regal**os** son …	genial**es**. interesante**s**.	Tengo películ**as** … **Las** ide**as** son …	genial**es**. interesante**s**.

¡ANÍMATE!

1|43

1

Nieto[1] de tu bisabuelo[2],
padre de tus hermanos,
de tus primos es el tío
y de tus tíos es hermano.

2

Dos hermanas, y es verdad:
una es mi tía. ¿Quién es la otra[3]?

3

El hermano de mi tío
no es mi tío.
¿Quién es?

4

Los hijos de tus abuelos
también tienen hijos, ellos son tus primos.
¿Quiénes son para ti sus padres?

5

Un señor[4] con muchos hijos,
uno de ellos con más hijos.
Esos hijos[5], entre ellos, ¿qué son?

6

El padre de tu madre
también es el padre de la hermana de tu madre.
¿Qué es ella para ti?

1 el nieto, la nieta *Enkel/in*
2 el bisabuelo, la bisabuela *Urgroßvater, Urgroßmutter*
3 la otra *die Andere*
4 un señor *ein Herr*
5 esos hijos *diese Kinder*

1 Lee las adivinanzas y busca las soluciones.
Tipp: Du findest die Lösung auf Seite 188.

2 Inventa una adivinanza para tus compañeros.

¡QUE APROVECHE!

¡ACÉRCATE!

1|44

VOCABULARIO

1 a ¿Qué hay para comer y para beber en la fiesta? Apunta las palabras con el artículo indeterminado en tarjetas.
Tipp: Hebe die Karten auf. Du wirst sie später noch brauchen.

37|1

un helado

b Haced diálogos como en el ejemplo. | Verwendet zwei Karten für die Antwort.

37|2

Lena, ¿qué tomas?

Para mí, un sándwich de jamón y un agua, por favor. Y tú, Tim, ¿qué tomas?

[•••]

PRACTICAR

37|3 **2 a** Forma parejas. Apunta las parejas en tu cuaderno..

¿Hay [...]? ¿Qué es esto? ¿Qué tomas?	Para mí, un/a [...]. Sí, y también (hay) [...]. Es un/a [...].

b Inventad diálogos. | Benutzt die Fragen und Antworten aus **a** und erfindet lustige Kombinationen.

tortilla		jamón
sándwiches		patata
zumo	de	queso
pastel		naranja
bocadillos		cumpleaños

ACTIVIDADES

3 Elena llega a casa de Sarah. Preparad un diálogo. Luego interpretad le escena en clase.

Elena …

1. hat Hunger und fragt, ob es Schinkenbrötchen gibt.
3. fragt, wie man „Kartoffelsalat" auf Spanisch sagt.
5. nimmt Kartoffelsalat, probiert und sagt, dass er sehr lecker ist. Sie hat auch Durst und fragt, ob es Orangensaft gibt.
7. sieht das Wasser auf dem Tisch stehen und sagt es Sarah.
9. sieht noch etwas auf dem Tisch und fragt, was es ist.

Sarah …

2. antwortet, dass es keine Schinkenbrötchen gibt. Aber es gibt *tortilla* und Kartoffelsalat von ihrer Mutter.
4. weiß es nicht und erklärt, dass es wie ensaladilla rusa ist. Sie fragt Elena, was sie möchte (= nimmt).
6. sagt, dass es keinen Saft gibt, aber Wasser. Aber wo ist das Wasser?
8. bedankt sich.
10. erklärt, dass es ein typisch deutscher Kuchen (*un pastel típico de Alemania*) ist, aus der Bäckerei ihres Vaters. Sie gibt Elena ein Stück und wünscht guten Appetit.

ESCUCHAR Y REPETIR

1|45 **4 a** Escucha y lee. | Wie werden **ll** und **y** ausgesprochen?

Go**y**a	a**ll**í	ca**ll**e	**y**a	bocadi**ll**o
pla**y**a	**y**o	torti**ll**a	e**ll**os	o**y**e

1|45 **b** Escucha otra vez y repite.

1|45 **c** Cierra el libro. Escucha otra vez y escribe las palabras en tu cuaderno.

A EN LA FIESTA

1|46
1|47

El sábado Elena, Sarah y Esteban están en la fiesta de cumpleaños. Buscan a Javi porque quieren saludar a su amigo. Los chicos ven al hermano, al padre y a la madre, pero no a Javi.

Madre: ¡Hola, chicos! Ya estáis aquí, ¡qué bien! Entrad, Javi está en el salón con sus primos.
Elena: Hola, Javi, ¡feliz cumpleaños!
Sarah: Toma, Javi, esto es para ti: una piñata y un pastel de cumpleaños.
Javi: ¡Qué guay! ¡Muchas gracias! Chicos, Rafa y yo queremos ver una película mañana, ¿y vosotros? ¿Tenéis ganas?
Esteban: Yo sí.
Sarah y Elena: Nosotras también.
Javi: Quiero ver «Piratas del Caribe».
Sarah y Elena: No es nueva, pero bueno … ¿Y dónde? ¿En el cine Explanada?
Javi: Eh … , eh … ¡No sé!
Esteban: Bueno, no importa. Miramos en internet y buscamos la película, ¿vale?
Madre: Chicos, ¿tenéis hambre? ¿Queréis comer algo? Hay de todo: ensaladilla rusa, bocadillos de jamón y de queso, torrijas … A ver, Elena, ¿qué quieres beber?

Elena quiere un zumo de naranja y Sarah un vaso de agua. Los chicos beben, comen y hablan con los primos de Javi. Miran los regalos de cumpleaños:
En la mesa del salón hay un libro de historia con fotos y con un DVD (de la tía Vera), un cómic de «Zipi y Zape» (de los abuelos de Javi) y un cedé de Shakira (de Cristina y Carlos). Javi prefiere la música de Juanes, pero así son los regalos de cumpleaños: a veces son divertidos, a veces son un poco aburridos y a veces son estupendos: ¡al lado de la mesa hay una bicicleta nueva!

Javi: Mirad, chicos, éste es el regalo de mis padres: ¡qué guay!

Javi toma la bicicleta, la madre mira al chico con la bici y mira a la tía Vera: «Javi, ¡deja la bici y ten cuidado con …!»
Pero ya es tarde: Javi, la tía Vera y también la bici están en el suelo.

Madre: Ya está … pero, hijo, ¿qué pasa? Javi, a veces eres como un niño pequeño …
Javi: Perdona, tía, …
Pero ya la familia y los amigos cantan juntos:

COMPRENDER

DELE **1** Corrige el texto.

38|1

Javi está con su madre en la cocina. Es su cumpleaños y ya llegan sus amigos. Javi quiere ver una película con sus amigos. La película se llama «Harry Potter». Esteban busca en una revista un cine para ver la película. Elena quiere un vaso de agua y Esteban un zumo de naranja. Los chicos también tienen hambre. Hay bocadillos de jamón y de queso, ensaladilla rusa y torrijas. Los regalos de cumpleaños están en la cama de Javi: un libro de historia, una mochila, un cedé de Juanes y una bicicleta.

2 Pregunta a tu compañero/-a sobre la fiesta. Él / Ella contesta.

¿quién? ¿quiénes?	*llegar* a la fiesta *estar* en el salón *tomar* la bicicleta *tener ganas* de ver una película [...]

VOCABULARIO

39|5

3 a Busca las palabras. | Wer findet die Wörter am schnellsten?

42|10

b Prepara un ejercicio como **3a** para tus compañeros. Utiliza palabras del texto en la p. 55.

4 a Forma parejas.

escuchar ver beber comer tomar leer buscar tocar [...]

un zumo de naranja un vaso de agua un libro un DVD un bocadillo de queso la guitarra un cedé un cibercafé [...]

b Escribe frases con las parejas en tu cuaderno.

DESCUBRIR

5 a Suche im Text alle Formen des Verbs querer. Übertrage die Tabelle in dein Heft und sortiere die Formen richtig ein. ▸▸ Resumen 1.2, p. 60

	querer
[yo]	[...]
[tú]	[...]
[él / ella]	[...]
[nosotros/-as]	[...]
[vosotros/-as]	[...]
[ellos/-as]	

b Completa las frases con una forma del verbo querer. ▸▸ Resumen 1.2, p. 60

Elena: Hola, chicos, ¿ [...] tomar un helado?
Esteban: Hum, yo tengo sed ... [...] una horchata.
Elena: ¿Y tú, Sarah? ¿Qué [...]?
Sarah: Yo [...] sólo un agua.
Elena: ¿Sólo [...] un agua?
Esteban: Sarah siempre [...] agua ...
Sarah: No, no siempre, pero mis padres [...] comer con la familia en el restaurante «Valencia». Y con un helado ya no tengo hambre.
Elena: ¡Tienes razón! Bueno, ya está, [...] un helado, una horchata y un agua, ¿verdad?

c Schaut euch die beiden Sätze an und überlegt zu zweit: Wie lauten die Formen des Verbs preferir? ▸▸ Resumen 1.2, p. 60

1. Pues yo **prefiero** el regalo de sus padres.
2. Y vosotros, ¿qué **preferís**?

Das Verb preferir gehört zu derselben Gruppe wie querer.

PRACTICAR

6 Formulad diálogos como en el ejemplo. | Bildet einen Kreis und verwendet eure Karten von S. 53. ▸▸ Resumen 1.2, p. 60

38|3
39|4

7 Jugad con un dado. | A wählt ein Verb aus und würfelt. B formuliert mit dem Verb einen Satz. Wechselt euch ab. ▶▶ Resumen 1.2, p. 60 + 1, p. 50

querer	beber un vaso de agua una bicicleta nueva tomar un helado [...]
preferir	comer en una hamburguesería escuchar un cedé escribir un e-mail [...]
tener	hambre y sed ganas de ver una película un ordenador en el escritorio [...]

40|6

8 a Relaciona los verbos con los dibujos y forma imperativos. ▶▶ Resumen 1.1, p. 60

tocar *entrar* *perdonar* *mirar*
escribir *tener cuidado*

b A jugar. | Gib deinem/-r Mitschüler/in Anweisungen. Er / Sie führt die entsprechende Geste aus. Wechselt euch ab. ▶▶ Resumen 1.1, p. 60

tomar un lápiz / [...]
beber un agua / [...]
leer un libro / [...]
escribir una frase / [...]
buscar el cuaderno de español / [...]
escuchar a la profesora / [...]
comer [...]
cantar [...]
hablar con [...]
mirar (a) [...]

9 ¿Con o sin a? Mira el ejemplo y escribe las frases en tu cuaderno.

▸▸ Resumen 3, p. 60

38|2

Ejemplo:
1. Sarah, Elena y Esteban buscan a Javi.

1. Sarah, Elena y Esteban buscan
2. Ellos quieren saludar
3. Javi saluda
4. Javi prefiere
5. Javi toma
6. La madre de Javi mira

a

la bicicleta. sus amigos en el salón.
la música de Juanes. su amigo.
Javi. su hijo con la bici.

APRENDER MEJOR

10 Gespräche auf Spanisch leichter verstehen

1|48

a Escribe una lista de 1 a 5 en tu cuaderno.
Después escucha y apunta: ¿dónde están?

1|48
41|8
DELE

b Escucha otra vez y escribe las respuestas en tu cuaderno.
1. ¿Qué quiere comer el chico?
2. ¿Qué ven los chicos?
3. ¿Qué escribe la chica?
4. ¿Qué quiere beber el chico?
5. ¿Qué quiere escuchar la chica?

Destreza
Um Gespräche auf Spanisch zu verstehen, musst du nicht jedes einzelne Wort kennen. Geräusche und Tonfall können dir dabei helfen, die Situation zu erkennen.

c Relaciona las respuestas de los ejercicios a y b con una y. Escribe las frases en tu cuaderno.
Ejemplo: El chico está en una fiesta **y** quiere comer una ensaladilla rusa.

ACTIVIDADES

11 Estáis en una fiesta de cumpleaños y miráis los regalos. Preparad un diálogo. Luego interpretad la escena en clase.

42|9
42|11
42|12

Mira, [...], ¡qué | bonito/-a!
guay!
interesante!
divertido/-a!

Un/a [...] es un regalo | estupendo.
aburrido.

Es verdad.
No es verdad.

Mi regalo favorito es el / la [...] .
Pues yo prefiero el / la [...] .

B ¡QUÉ RICO!

1|49

TORRIJAS »»»»»»»»

Ingredientes

1 barra de pan duro

1 litro de leche

3 huevos

6 cucharadas de azúcar

1 cucharada de canela en polvo

ralladura de un limón

aceite para freír

» 1. Cortar el pan en rebanadas[1].
» 2. Bañar las rebanadas en la leche y la ralladura de limón.
» 3. Pasar las rebanadas por los huevos batidos.
» 4. Freír las rebanadas en aceite.
» 5. Mezclar el azúcar y la canela.
» 6. Cubrir las torrijas con la mezcla.

»»»»»»»»»»» ¡Que aproveche!

1 la rebanada *Scheibe (Brot)*

COMPRENDER

43|1 **1** Relaciona. | Ordne die Fotos den Zubereitungsschritten zu.

a

b

c

d

e

f

2 a Was bedeuten die Verben cortar, bañar, pasar (por), freír, mezclar, cubrir?

b Erzähle auf Deutsch, wie torrijas gemacht werden.

BÚSQUEDA DE INFORMACIÓN

3 Busca la receta de arroz con leche en internet. Explica en alemán qué es y cómo se prepara.

www.acocinar.com

RESUMEN DE GRAMÁTICA

1 Los verbos | Die Verben

GH 17|19

1.1 El imperativo | Der Imperativ

Oye, **tú**:		No, yo no. **Vosotros**:	
¡Tom**a**	el libro!	¡Tom**ad**	el libro!
¡Le**e**	las frases!	¡Le**ed**	las frases!
¡Escrib**e**	las palabras!	¡Escrib**id**	las palabras!

! tener: tú: ¡**Ten** cuidado!
vosotros: ¡Tened cuidado!

GH 18|20

1.2 Los verbos con cambio de vocal e → ie | Die Verben mit Stammvokaländerung e → ie

	querer	
No	qu**ie**ro	estudiar.
Oye, Laura, ¿	qu**ie**res	un bocadillo?
Elena	qu**ie**re	escribir un e-mail.
No	queremos	trabajar.
Chicos, ¿	queréis	un helado?
Las chicas	qu**ie**ren	beber un zumo.

Konjugiere das Verb preferir.

GH 18|21

2 El artículo contracto al | Der zusammengezogene Artikel al

Javi llega	**al** cine.
	a la plaza San Blas.
	a los exámenes del colegio.
	a las clases de guitarra.

Nenne die Präposition, die wie a mit dem bestimmten Artikel verschmilzt.

GH 19|22

3 Personas como complemento directo | Personen als direktes Objekt

Busco		el libro.
Veo		un perro

Busco	**a**	Javi.
Veo	**a**	una chica.

¡ANÍMATE!

1|50

Veo veo

Veo veo. ¿Qué ves? Una cosita[1]. ¿Y qué cosita es?
Empieza con[2] la «a». ¿Qué será[3]?, ¿qué será?, ¿qué será? … «¡alefante[4]!»
No no no, eso no no no, eso no no no es así.
Con la «a» se escribe amor[5], con la «a» se escribe adiós,
la alegría[6] del amigo y un montón de cosas más.

Veo veo. ¿Qué ves? Una cosita. ¿Y qué cosita es?
Empieza con la «e». ¿Qué seré?, ¿qué seré?, ¿qué seré? … «¡eyuntamiento[7]!»
No no no, eso no no no, eso no no no es así.
Con la «e» de la emoción[8] estudiamos la expresión[9],
y entonando esta canción[10] encontramos la verdad[11].

Veo veo. ¿Qué ves? Una cosita. ¿Y qué cosita es?
Empieza con la «o». ¿Qué seró?, ¿qué seró?, ¿qué seró? … «¡oscuela[12]!»
No no no, eso no no no, eso no no no es así.
No no no, eso no no no, eso no no no. Eso es al final[13].

Veo veo. ¿Qué ves? Una cosita. ¿Y qué cosita es?
Empieza con la «f». ¿Qué seraf?, ¿qué seraf?, ¿qué seraf? … «¡final!»
Sí sí sí, eso sí sí sí, eso sí sí sí es así.
Sí sí sí, eso sí sí sí, eso sí sí sí. ¡Llegó el final[14]!
¡Cha cha cha!

1 la cosita *kleine Sache*
2 empieza con *es fängt an mit*
3 ¿Qué será? *Was wird es wohl sein?*
4 el elefante *Elefant*
5 el amor *Liebe*
6 la alegría *Freude*
7 el ayuntamiento *Rathaus*
8 la emoción *Gefühl*
9 la expresión *Ausdruck*
10 entonando esta canción *hier indem wir dieses Lied anstimmen*
11 encontrar la verdad *die Wahrheit finden*
12 la escuela *Schule*
13 al final *zum Schluss*
14 llegó el final *etwa jetzt ist Schluss*

1|50

1 Escucha y canta la canción.

2 Jugad a «Veo veo». | Wechselt euch ab.

A Veo, veo.
B ¿Qué ves?
A Una cosita.
B ¿Y qué cosita es?
A Empieza con la [...].
B [...]
A ¡Sí! / ¡No!

BALANCE 1

COMPRENSIÓN AUDITIVA

1|51

1 a Escucha y contesta las preguntas.

1. ¿Cómo se llama el chico?
2. ¿Cuántos años tiene?
3. ¿Dónde vive?
4. ¿Dónde trabajan sus padres?
5. ¿Cuántos años tienen sus hermanos?
6. ¿Su actividad favorita?

b Was hast du noch verstanden?

1|52

2 Escucha y contesta: ¿quién/es habla/n? ¿Dónde está/n?

COMPRENSIÓN LECTORA

3 Thomas ist 12 Jahre alt, lernt Englisch und Spanisch in der Schule. In seiner Freizeit chattet er gern und ist in einem Fußballverein. Was glaubst du: Wem würde er am ehesten antworten? Warum?

1

Soy de Murcia, tengo 13 años y quiero intercambiar carteles y fotos de famosos con chicos de mi edad. ¿Tienes material? Entonces escribe a: Marina Alonso Torres, C/Hospital, 15–4°C, 08402 Granollers (Barcelona)

2

Me llamo Eli, tengo 12 años, vivo con mi familia en Sevilla, en el barrio Triana. Somos cinco: mis padres, dos hermanos y yo. Somos de Madrid y, claro, somos todos *fans* del Real Madrid. Soy nuevo aquí. En mi clase sólo hay *fans* del club de fútbol de Sevilla. Por eso quiero saber si en Sevilla también viven *fans* del Real Madrid, como yo. Entonces escribe a: eli.torres@terra.es

3

Hola a todos, soy Fernando, tengo 12 años y quiero aprender alemán. ¿Por qué? Porque mis abuelos viven en Alemania, en Siegen, y quiero pasar mis vacaciones allí. ¿Qué puedo hacer? En mi instituto sólo puedo aprender inglés. Si tenéis alguna información sobre cursos en internet, escribid un mensaje a: fernando.molina@hotmail.com

■■■ EXPRESIÓN ORAL

4 a Quieres comprar un helado. | Schau dir die Eissorten an: Welche erkennst du?

b Paula y Clara están en el centro de Alicante. Preparad un diálogo. Luego interpretad la escena.

- Clara hat Hunger und Durst.
- Paula fragt, ob sie nicht lieber ein Eis möchte.
- Clara ist einverstanden und fragt Paula, ob es eine Eisdiele in der Nähe gibt.
- Ja, es gibt eine auf dem Platz, zwischen der Bäckerei und dem Kino, gegenüber der Schule.
- Die beiden betreten die Eisdiele und begrüßen die Verkäuferin.
- Diese fragt die Mädchen, was sie möchten.
- Paula möchte ein Vanille- und Erdbeereis, Clara eins mit Schokolade und Haselnüssen (=avellana).
- Haselnusseis gibt es heute nicht, also nimmt Clara ein Schokoladen- und Vanilleeis.

5 Presenta a la familia Osuna Muñoz.

■■■ EXPRESIÓN ESCRITA

6 Preparas tu mochila para mañana. Apunta:
¿qué necesitas para el colegio?

P **7** Beantworte die E-Mail: Du bedankst dich und hast auch Lust mitzumachen, aber du kannst nicht, weil am Samstag die Geburtstagsfeier deiner Schwester ist.

> Hola: El sábado hay una fiesta en el colegio. Queremos preparar pasteles y muchas cosas más, pero ya es muy tarde. ¿No tienes ganas de preparar la fiesta con nosotros? ¡Necesitamos tus ideas! ¿Tienes tiempo?
>
> Saludos, Vanesa

MI MASCOTA Y YO

¡ACÉRCATE!

1|53 Elena, Javi, Sarah, Esteban y sus compañeros visitan una asociación protectora de animales en Alicante, porque hoy es el día de «Mi mascota y yo».

1

2

PRACTICAR

1 a ¿Cómo son las mascotas? Busca los adjetivos en el texto y escribe en tu cuaderno.

46|1
46|2

grande
[...]

b ¿Y tú? ¿Tienes una mascota? ¿Cómo es? Habla con tu compañero/-a.

¿Tienes una mascota?

Sí, tengo un [...]. / una [...].
Se llama [...].
Tiene [...] años.

No, pero quiero tener un [...]. / una [...].

¿Cómo es?

Es un poco [...]. / muy [...].

el hámster

el ratón

la tortuga

el pez, los peces

los pollitos

el loro

los caballos

el conejo de Indias

ESCUCHAR

1|54

2 a Escucha: ¿qué mascota es? Apunta en tu cuaderno los números 1, 2, 3, 4, 5 y la mascota.

b Dibuja en tu cuaderno. | Denke dir für eins der Tiere eine passende Zeichnung aus.

1|55

3 a Escucha el poema.

Sami, Sami,
mi amigo, mi compañero,
siempre estás a mi lado[1].
¿Siempre? Sami, ¿dónde estás?
¿Estás en la cocina?
No, allí no estás.
¿Dónde está mi perro?
Ah, estás aquí,
en tu rincón favorito,
al lado de mi escritorio.

1 a mi lado *an meiner Seite*

b Escribe un poema sobre tu perro / tu gato / tu [...].

ACTIVIDADES

4 a ¿Cómo se llama la mascota?

Éste es un hapeco.

Éste es un [...].

b Inventa mascotas. | Kombiniere die erste Silbe von zwei oder drei Tieren und denke dir Haustiere aus, die es nicht gibt. Deine Mitschüler müssen raten.

5 a Prepara una tarjeta y presenta au mascota o a la mascota de un amigo en clase.

b Preparad y colgad un cartel en vuestra clase: «Nuestras mascotas».

Mi gato se llama Lucas. Tiene dos años. ¡Es muy inteligente!

Mi perro se llama Pelu. Tiene casi un año. Es divertido y cariñoso.

A ¿PUEDO TENER UN PERRO?

1|56 1|57 Elena vuelve a casa con una idea estupenda: ¡quiere tener un perro! Un perro pequeño y cariñoso como Sami, el perro de Sarah. Bueno, tener un perro no es fácil: tiene que salir a la calle y necesita cariño. Elena tampoco puede estar siempre con él. Pero después del colegio ella y su perro pueden estar juntos. ¿Y su madre? Elena piensa en su madre y … en su problema:

Por fin, su madre y Paco, el compañero de su madre, vuelven a casa y Elena puede hablar con ellos.

Elena: Mamá, mamá, ¿puedo tener un perro?
Madre: ¿Un perro? ¿Un perro aquí en el piso? Ay, no sé. Mira, hija, ya tenemos un periquito. Además, yo trabajo y tú estás en el colegio y no podemos dejar el perro solo en casa. No sé … Paco, tú, ¿qué piensas?
Paco: Elena …, tus amigos, el colegio, las clases de baile español, ¿tienes tiempo para un perro?
Elena: Pues Sarah también tiene un perro, se llama Sami. Siempre salgo a pasear con ellos. Los perros son muy inteligentes y muy graciosos, ¿sabéis? El perro de Sarah todavía es pequeño, pero ya sabe volver solo a casa.
Paco: A ver, podéis pasear juntas a los dos perros … y Sarah ya sabe cuidar un perro.
Madre: Elena, no. No podemos comprar un perro.
Elena: No tenemos que comprar uno, mamá. *Masali* es una asociación protectora de animales. Allí encuentras perros, gatos y conejos, creo.
Madre: Sí, y seguro que al final yo tengo que cuidar al perro porque tú no tienes tiempo porque tienes que estudiar o quieres salir con tus amigos. Pues no sé … ¡Vamos a ver!

COMPRENDER

47|1 **1** **Elige el resumen correcto.**

a) Elena tiene un problema: quiere tener un perro, pero su madre prefiere comprar un periquito. Elena quiere hablar con Sarah de su problema, pero su amiga no tiene tiempo.

b) Elena vuelve a casa con una idea estupenda: quiere comprar el perro de Sarah porque es pequeño y muy inteligente. Elena habla con su madre, pero ella tiene miedo de los perros. Al final, Paco compra un periquito.

c) Elena quiere tener un perro, pero hay un problema: su madre no quiere porque el piso es pequeño y además ya tienen un periquito. Elena habla con su madre y con Paco, pero la madre no sabe.

2 **Desordena una frase del texto como en el ejemplo para tu compañero/-a.**

con	vuelve	estupenda	Elena	una	a casa	idea

3 a Escribe en tu cuaderno y apunta los argumentos en la lista.

Tener un perro no es fácil:	Tener un perro es una idea estupenda:
[...]	[...]

Necesita cariño.

El piso es muy pequeño.

Después del colegio Elena y el perro pueden estar juntos.

Elena no tiene tiempo para un perro.

La madre no quiere dejar al perro solo en casa.

La madre no quiere cuidar al perro.

Elena no puede estar siempre con él.

Los perros son inteligentes y graciosos.

Elena y Sarah pueden salir juntas a pasear a los dos perros.

Un perro tiene que salir a la calle.

Sarah ya sabe cuidar un perro.

b Preparad un diálogo: tú quieres una mascota, pero tu madre no quiere. Puedes utilizar los argumentos de 3 a y también:

¿Qué? Ay, no sé. Mira, hija, [...] Vamos a ver. No sé. Sí, sí, mamá, ya lo sé.

ESCUCHAR Y REPETIR

1|58

4 Escucha y repite el trabalenguas:

El perro de Sarah quiere comer torrijas,
pero las torrijas ya están en el carrito.

DESCUBRIR

5 a Ordne die beiden Sätze dem passenden Bild zu und formuliere eine Regel: Wie unterscheidet sich die Bedeutung von saber und poder?
▸▸ Resumen 1, p. 72

No sabe escribir.

No puede escribir.

b Übersetze beide Sätze ins Deutsche.

PRACTICAR

6 Forma frases con una forma de saber y poder.

▶ 49|9

1. – Clara / leer

2. Elena / cantar

3. Sami / volver solo a casa

4. Javi / tocar la guitarra

5. Elena / preparar torrijas

6. el loro / hablar

7 a Ergänzt euer bolso de los verbos mit den Verben poder, encontrar und volver und spielt das Würfelspiel.

DELE

b Completa con una forma de poder, encontrar o volver.

▶ 48|5
▶ 48|6
▶ 48|7

1. Después del colegio, Sarah y Elena [...] (volver) a casa para estudiar juntas.
2. Sami, el perro de Sarah, [...] (volver) solo a casa.
3. Elena no [...] (encontrar) su cuaderno con los deberes.
4. Sarah: Muy bien, entonces no [...] (poder/nosotras) estudiar.
5. ¿[...] (volver/nosotras) a la plaza?
6. Elena: No, yo no [...] (poder). Tengo que volver al colegio. Seguro que mi cuaderno está en la clase.

8 Haced diálogos como en el ejemplo.

▶ 49|8

Mamá, ¿puedo salir con los amigos?

No, ahora no puedes, tienes que estudiar para el cole.

Papá, ¿podemos salir con los amigos?

No, ahora no podéis, tenéis que preparar vuestros deberes para mañana.

comer en casa de Sarah
tomar un helado
tocar la guitarra
escuchar música en el salón
comprar un DVD
ver una película
leer la revista
salir con los amigos

salir a pasear con el perro
preparar vuestros deberes para mañana
escribir un e-mail a la abuela
leer el texto para la clase de mañana
cuidar el conejo
estudiar para el cole
comprar un regalo para el cumpleaños de la tía Ana
aprender el vocabulario nuevo

VOCABULARIO

9 a Busca las parejas. Escribe en tu cuaderno.

tranquilo pequeño inquieto grande aburrido inteligente fácil divertido difícil tonto

b Formula frases con las parejas.
Ejemplo: Un caballo es grande, un hámster es pequeño.

10 47|2 Inventa una respuesta para cada pregunta. Utiliza: tener cuidado, tener [...] años, tener ganas de, tener hambre, tener sed, tener miedo de, tener razón

1. Javi, ¿quieres comer algo?
2. ¿No quieres pasar por la plaza?
3. ¿Por qué no quieres tener un perro?
4. Pedro y los libros no son muy amigos, ¿verdad?
5. Clara es la hermana pequeña de Esteban, ¿no?
6. Laura tiene un perro y ahora también quiere un gato, ¿no?
7. Elena, el zumo es muy rico, ¿no quieres un vaso?

APRENDER MEJOR

11 1|59 **Beim Zuhören Notizen machen**
Escucha y contesta las preguntas.

1. ¿Qué mascotas tienen Juan, Pablo y Ana?
2. ¿Cómo se llaman?
3. ¿Cómo son?

	¿Qué es?	¿Cómo se llama?	¿Cómo es?
Juan	[...]	[...]	[...]
Pablo	[...]	[...]	
Ana	[...]		

Destreza
Lies vor dem Hören die Fragen und überlege genau, worauf du achten sollst. Du kannst eine Tabelle anlegen, in die du die Informationen einträgst. Konzentriere dich beim Hören auf die Passagen, die wichtig sind, um die Fragen zu beantworten. Mache dir Notizen und trage sie in die Tabelle ein.

ACTIVIDADES

12 Escribid el diálogo entre Clara y su padre. Luego interpretad la escena.

un cerdito

Claras Vater	Clara
... fragt sie, was sie zum Geburtstag möchte.	... hat eine tolle Idee: Sie will ein Minischwein!
... sagt, dass ein Minischwein nicht in einer Wohnung leben kann.	... Clara erwidert, dass ein Minischwein klein ist und wie ein Hund auch in einer Wohnung leben kann.
... erwidert, dass sie schon eine Katze, einen Hamster und einen Wellensittich haben.	... sagt, dass Minischweine sehr intelligente Tiere sind!
... fragt, wer sich um das Minischwein kümmert und wer mit ihm auf die Straße geht?	... antwortet, sie ist nicht klein und kann sich um ein Tier kümmern. Außerdem ist es lustig, mit einem Minischwein auf die Straße zu gehen.
... erwidert, dass er kein Minischwein im Haus will, heute nicht und morgen auch nicht.	...

B UN DÍA EN EL SAFARI AITANA

1|60
1|61

1 Lee el texto. Después trabaja con tu compañero/-a y completa el cuadro.

	quieren ver	porque
Javi y Sarah	[...]	[...]
Esteban y Elena	[...]	

El sábado los padres de Sarah quieren visitar el Safari Aitana con su hija y con Esteban, Javi y Elena. Es un parque zoológico cerca de Alicante con dos partes[1]: en una parte, los visitantes pueden ver desde el coche los animales en libertad[2] y, en la otra, viven los animales pequeños. En casa de Sarah los chicos miran la página web del parque y leen la información. Javi y Sarah quieren ver los elefantes, las jirafas[3] y los leones[4] porque son muy grandes .... ¡y a veces peligrosos! Esteban y Elena no. Ellos prefieren ver los animales pequeños, como los mapaches[5] o los conejos. ¡Son muy inquietos y muy graciosos!

Por suerte[6] los padres de Sarah tienen una idea: primero[7] ven los animales grandes con el coche y después pueden visitar los animales pequeños a pie[8].

Ahora ya están en el zoo. Los chicos visitan primero los elefantes. Son muy grandes y también muy tranquilos. Sarah y Javi piensan que son un poco tontos. Los elefantes miran a los chicos y piensan[9] ... pues, ¿qué piensan? ¡Ni idea! Después los chicos quieren ver los leones, pero ... ¿dónde están? Son animales muy inteligentes, pero también son tímidos[10] y no quieren estar cerca de los coches. ¡Al final, los chicos creen que no hay leones en el parque!

«Oye, Esteban, seguro que aquí en el parque también hay animales de Costa Rica», dice[11] Javi. «A ver, ¿qué animales viven en tu país?» Esteban piensa un rato[12]. Él es de San José y San José es una ciudad muy grande, como Alicante. Allí hay perros y gatos, pero Javi quiere ver animales que[13] no hay en España. «Pues, mis tíos tienen un loro. Pero para ver monos[14] hay que ir al bosque. Tienen mucho miedo y es muy difícil verlos. También hay tortugas, pero, claro, sólo en la costa.» «Tengo una idea», dice Elena. «¿Por qué no buscamos animales de tu país aquí en el parque? ¡Podemos tomar fotos de ellos y preparar un álbum sobre Costa Rica!»

1 la parte *Teil*
2 la libertad *Freiheit*
3 la jirafa *Giraffe*
4 el león, los leones *der Löwe, die Löwen*
5 el mapache *Waschbär*
6 por suerte *zum Glück*
7 primero *zuerst*
8 a pie *zu Fuß*
9 pensar *denken*
10 tímido/-a *schüchtern*
11 dice *er/sie sagt*
12 el rato *Moment*
13 animales que ... *Tiere, die ...*
14 el mono *Affe*

COMPRENDER

52|1
52|2
52|3

2 a Cuenta la visita al parque de Sarah, Esteban, Javi y Esteban. Utiliza: el sábado, primero, después, al final.

b Busca en el texto: ¿cómo son los animales?

los elefantes: [...] los mapaches y los conejos: [...] los leones: [...]

c ¿Y tú? ¿Qué quieres ver en el parque Aitana? ¿Por qué?

BÚSQUEDA DE INFORMACIÓN

3 Mira en www.zoomadrid.com la parte «animales»: ¿cómo se dice en alemán la cigüeña, el ciervo, el zorro y el lobo?

RESUMEN DE GRAMÁTICA

1 Los verbos

GH 20|23

1.1 El verbo salir | Das Verb salir

	salir	
Siempre	**salgo**	con mis amigos.
Pedro, ¿	sales	mañana?
Elena	sale	de casa.
Chicos, ¿	salimos	juntos?
¿Por qué no	salís	hoy?
Los chicos	salen	del colegio.

Imperativo
de salir:
tú: ¡**sal**!
vosotros: ¡salid!

GH 20|24

1.2 Los verbos con cambio de vocal o → ue | Verben mit Stammvokaländerung o → ue

	poder	
Mamá, ¿	p**ue**do	tener un perro?
Vale,	p**ue**des	tener uno.
Paco no	p**ue**de	estudiar.
Por favor, ¿	podemos	salir hoy?
No, hoy no	podéis	salir porque ya es tarde.
Paco y su perro	p**ue**den	estar juntos.

Konjugiere das Verb volver.

GH 20|23

1.3 El verbo saber | Das Verb saber

	saber	
No	**sé**	alemán.
Paco, ¿qué	sabes	de Roberto?
Elena	sabe	mucho de baile español.
Nosotros	sabemos	hablar español.
Clara, Paula, ¿	sabéis	dónde está Esteban?
Javi y Rafa	saben	tocar la guitarra.

GH 21|25

1.4 Los verbos modales | Die Modalverben

tener que:	Mañana	**tengo que**	trabajar	mucho.
poder:	No	**podemos**	salir	hoy.
saber:	Paco	**sabe**	hablar	alemán.
querer:	Chicos, ¿	**queréis**	comer	algo?

Wie übersetzt man poder und saber in diesen Sätzen ins Deutsche?

¡ANÍMATE!

versión accesible

diario | revista | guías | escuelas | consumaseguridad

consumer.es EROSKI

Casi todo sobre mi mascota

FUNDACIÓN EROSKI

Portada >> El perro >>

Cinco consejos para tener un perro

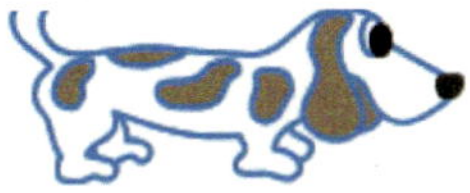

Sé responsable.
Tener un perro es divertido, pero también tienes que cuidar a tu nuevo amigo. Recuerda: tú eres ahora la familia de tu mascota.

¿Quieres ir a la panadería o al kiosco?
¡Sal con tu perro! Los perros también tienen que hacer deporte.

¿Aburrido/-a?
Enseña a tu mascota cosas nuevas. Los perros son inteligentes y quieren aprender de todo.

¿Tu perro quiere descansar?
Prepara para él un rincón en tu casa o piso.

¿Tu mascota tiene hambre?
Da a tu perro suficiente para comer y para beber.

Boletín semanal
Recibe cada semana las novedades de consumer.es
tu email
Alta | Baja

Búsqueda:

PERROS
- Tener perros
- Su alimentación
- Aseo diario
- Su salud
- Elegir nuestro perro
- Educación y comportamiento
- Vacaciones y viajes
- La muerte del perro
- Las obligaciones de los dueños
- Cinco consejos para tener un perro
- Razas de perros

GATOS
AVES
PECES
ROEDORES Y LAGOMORFOS
REPTILES

Antes de comprar una mascota
Animales y Sociedad
test de autoevaluación
Otras GUÍAS PRÁCTICAS consumer

1 Dein/e Freund/in möchte einen Hund. Lies die Ratschläge und erkläre ihr/ihm, worauf er/sie achten soll.

2 Wo auf dieser Internetseite findest du Informationen über andere Haustiere? Welche davon kennst du schon?

REPASO 2, UNIDADES 4–6

ESCUCHAR

1|62

1 Escucha y contesta las preguntas sobre la familia de Elena.

1. ¿Qué tal está Elena?
2. ¿Por qué?
3. ¿Cómo son Manolo y Carlos?
4. ¿Quién es Marga?
5. ¿De qué hablan Elena y Marga?
6. ¿Quiénes salen a pasear mañana?

VOCABULARIO

2 a Encuentra los sustantivos. Escribe también el artículo determinado.
Un sustantivo = un punto. Un sustantivo con el artículo = dos puntos.

1. hmaenro
2. mrdae
3. atí
4. aebula
5. filiama
6. hoij
7. pmiro
8. pdare

b Inventa adivinanzas como en **2a** para tus compañeros.

APRENDER MEJOR

3 Schlüsselwörter erkennen

Suche die Schlüsselwörter im Text und schreibe sie auf. Ordne dann die Informationen dazu aus dem Text in einer Mind Map.

Los hámsteres

Los hámsteres son animales pequeños y muy inquietos. Además, son inteligentes y muy graciosos. ¿Quieres tener un hámster? Tener un hámster no es difícil. Los hámsteres pueden vivir en un rincón de tu habitación. Ellos necesitan una jaula[1] y dos platos: uno para el agua y uno para comer.
¿Qué comen los hámsteres? Tienes que saber que los hámsteres comen verduras[2] y cereales[3]. También puedes comprar la comida para hámsteres del supermercado. Los hámsteres no beben zumo, sólo agua.
¿Qué más necesitan los hámsteres? Los hámsteres no salen a pasear como los perros, pero necesitan cariño y estar contigo.
¡Son la mascota ideal para ti!

1 la jaula *Käfig*
2 las verduras *Gemüse*
3 los cereales *Getreide*

Destreza
Um die wichtigsten Informationen aus einem Satz oder Text herauszuarbeiten, helfen dir Schlüsselwörter. Sie sind sozusagen das Gerüst eines Textes. Sie sind alleine schon so aussagekräftig, dass sie auf weitere Inhalte schließen lassen. Wenn du einen Satz oder Text bearbeitest, kannst du die Schlüsselwörter unterstreichen oder herausschreiben und in einer Mind Map anordnen.

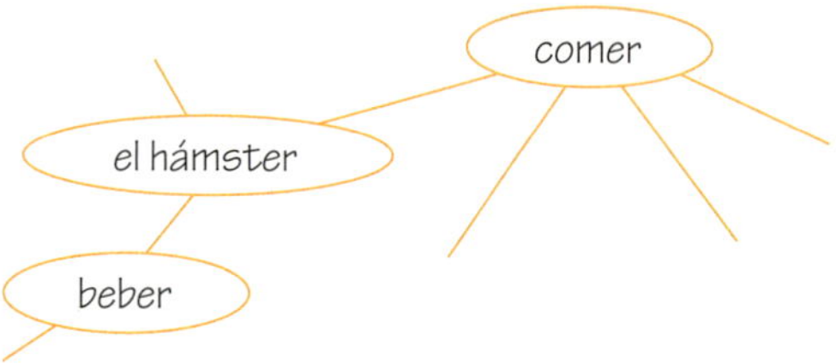

PRACTICAR

4 Completa las frases con del o al.

1. El pastel de cumpleaños es una idea [...] padre de Sarah.
2. Los amigos llegan [...] cumpleaños de Javi.
3. El cómic es un regalo [...] abuelo de Javi.
4. ¿Dónde están las fotos? – Mira, están [...] lado de los libros.
5. En el instituto Elena ve [...] profesor nuevo.
6. ¿A quién buscas? – [...] hermano de Clara.
7. [...] final, la madre de Elena tiene que cuidar el perro.
8. Javi sale [...] estadio.

5 ¿Qué dice[1] la profesora? Utiliza el imperativo.

1 dice *sagt*

vosotros:
trabajar en grupos
escuchar
escribir en los cuadernos
cantar
mirar las frases en la pizarra
tomar apuntes

tú:
leer el texto
salir de la clase
comer sólo en el recreo
tener cuidado
encontrar la palabra correcta
completar las frases
hablar con tu compañero

6 Completa con el determinante posesivo. Después, inventa el final de la frase.

1. – Oye, mamá, ¿sabes dónde está [...] mochila? – Pues, busca …
2. Javi, Rafa, ¿dónde están [...] padres? Tengo que hablar con ellos porque …
3. Rafa habla con [...] hermano Javi: «Estudiar para el cole y …».
4. Javi y Rafa: «En [...] calle hay un cibercafé. Allí siempre …».
5. Elena y Sarah: «[...] barrio es muy bonito: hay una plaza con un kiosco y …».
6. Esteban, Paula, ¿cómo se llama [...] profesor? – Se llama …
7. Sarah: «[...] padres son de Alemania. [...] ciudad se llama …».

7 Completa con la forma correcta de los verbos.

1. Elena, ¿no [...] (tener ganas) de salir con nosotros? – Sí, [...] (tener ganas), pero no [...] (poder).
2. Sarah [...] (poder) chatear con chicos de España y Alemania porque [...] (saber) hablar español y alemán.
3. Hoy no [...] (salir / yo) de casa porque [...] (tener que / yo) estudiar.
4. La prima pequeña de Elena [...] (tener) cinco años y todavía no [...] (saber) leer.
5. Hoy los chicos [...] (querer) visitar una asociación protectora de animales.
6. Javi, ¿por qué [...] (volver) tarde a casa? Hoy [...] (querer / nosotros) visitar a los abuelos.
7. Pero Javi y Rafa [...] (preferir) salir con sus amigos.
8. Elena [...] (pensar): «[...] (querer) tener un perro.»
9. Mamá, no [...] (encontrar) mi móvil. – Menos mal, así [...] (tener / tú) más tiempo para estudiar.

BÚSQUEDA DE INFORMACIÓN

8 Welche Tiere leben in Costa Rica? Schlage in einem Lexikon nach oder suche Informationen im Internet.

El loro es un animal de Costa Rica.

¿QUÉ HORA ES?

¡ACÉRCATE!

2|2

7

DESCUBRIR

1 a Relaciona las horas con los diálogos. ▸▸ Resumen 1, p. 84

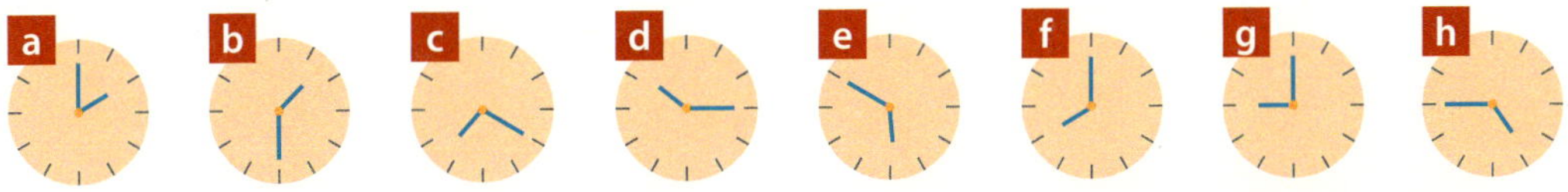

55|1
55|2

b ¿Qué hora es? Pregunta a tus compañeros. | Bastle eine Uhr. Fragt euch gegenseitig, wie spät es ist. ▸▸ Resumen 1, p. 84
Ejemplo:

Anne, ¿qué hora es?

Son las tres y media. Max, ¿tienes hora?

[...]

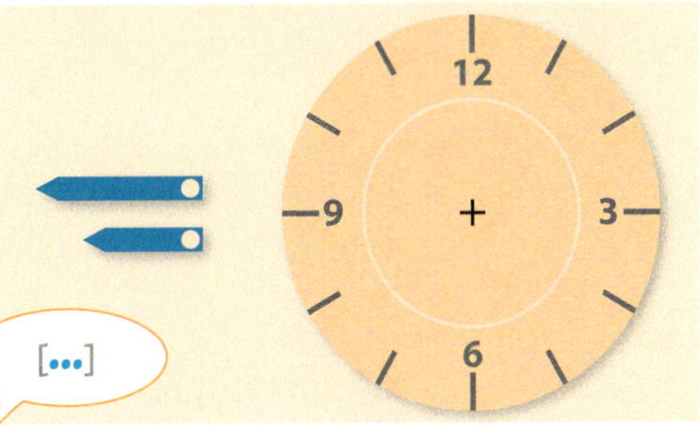

ESCUCHAR

2|3
55|3

2 a Mira los dibujos, escucha y apunta: ¿qué hora es? ▸▸ Resumen 1, p. 84

b Mira los dibujos y tus apuntes otra vez: ¿qué hora es? Repite las horas y las partes del día. Utiliza:
▸▸ Resumen 1, p. 84

En el dibujo [...]	es la [...] son las [...]	de la mañana. de la tarde. de la noche.

ACTIVIDADES

3 a Busca las ciudades en el mapa de América Latina.

b ¿Qué hora es? Pregunta a tu compañero/-a. Él/Ella contesta. Utiliza:
▸▸ Resumen 1, p. 84

En Alicante	es la son las [...]	de la mañana. de la tarde. de la noche.	¿Qué hora es en [...]?

En [...]	es la son las [...]	de la mañana. de la tarde. de la noche.

A ¿VAMOS A LA PLAYA?

2|4 2|5

Madre: ¡Dígame!

Sarah: Hola, soy Sarah. ¿Puedo hablar con Elena, por favor?

Madre: Sí, un momento … ¡Elena, teléfono! Es Sarah.

Elena: ¡Dime!

Sarah: ¡Hola, Elena! ¿Vamos a la playa?

Elena: Hum, hoy no puedo. Es que a las tres y media tengo clase de baile español.

Sarah: Ay, Elena, tú siempre vas a clases de baile español. ¡Vamos juntas a la playa, por fa!

Elena: Lo siento, Sarah, pero no puedo, de verdad.

Sarah: Bueno, está bien …

Sarah mira el teléfono y piensa: «Elena y sus actividades: toma clases de baile, canta en el coro del colegio, sale con su madre … Claro, son actividades importantes, pero los amigos también son importantes, ¿no?» No importa, también puede llamar a Esteban o a Javi. Bueno, Esteban siempre quiere ir al fútbol y el fútbol no es la actividad favorita de Sarah. Pero, por la tarde, Esteban casi siempre va a la playa porque nadar también es una de sus actividades favoritas. Seguro que él tiene tiempo y también ganas de ir con ella.

Ya está, Sarah toma el teléfono, llama a Esteban, pero su amigo no contesta. No puede ser, ¿qué pasa con Esteban?

Javi: Hola, Sarah, ¿qué hay?

Sarah: ¿Qué haces por la tarde? ¿Vamos a la playa?

Javi: Lo siento, pero no puedo porque salgo con mis primos.

Sarah: ¿Qué hacéis? ¿Adónde vais?

Javi: Al Museo del Juguete. ¿Por qué no vamos juntos?

Sarah: No sé … Es que tengo ganas de nadar …

Javi: Pero, ¿qué hace Esteban hoy? ¿Por qué no hablas con él?

Sarah: No contesta el teléfono y no sé por qué.

Javi: ¡Porque tiene un número nuevo! Apunta. Es el 96 52 22 3 48.

Sarah: Hola, Esteban, ¿vamos a la playa?

Esteban: ¿A la playa? ¿Cuándo quieres ir?

Sarah: Por la tarde, claro.

Esteban: No, no puedo, por la tarde voy al polideportivo con mi padre porque hay un partido de fútbol.

Sarah: ¡Qué pena! Oye, ¿entonces por qué no vamos antes a la piscina del polideportivo? Y después vas al estadio.

Esteban: A ver, el partido empieza a las siete y media. Entonces sí podemos ir primero a la piscina, pero después vamos al estadio, ¿vale?

Sarah: Al estadio … no sé …

Esteban: Mira, ¿por qué no hacemos un trato? Yo voy contigo a la piscina y tú vas conmigo el partido.

Sarah: ¡Vale! Oye y ¿dónde quedamos? ¿Y a qué hora?

Esteban: A las tres menos cuarto, delante del polideportivo, ¿vale?

Sarah: ¡Estupendo! ¡Entonces, hasta luego!

COMPRENDER

DELE **1** ¿Quién es? ¿Quiénes son? Contesta.

56|1

¡Es […]! / ¡Son […]!

1. Va con sus primos al Museo del Juguete.
2. Quiere ir a la playa o a la piscina.
3. Quieren ir al estadio.
4. Va a la clase de baile español.
5. Van a la piscina y al estadio.

APRENDER MEJOR

56|3
56|4

2 Verbformen leichter lernen (II)

1.	1. *hago*
2. *haces*	2.
3. *hace*	3.
4. *hacemos*	4.
5.	5. *hacéis*
6. *hacen*	6.

Destreza
Verbformen, die du dir besonders merken musst, kannst du leichter mit Kärtchen wie im Beispiel links lernen. Notiere alle Formen, die du dir besonders merken musst, in der rechten Spalte. Knicke dann das Kärtchen in der Mitte. Schaue dir beim Üben immer nur eine Spalte an und überlege dir dann, wie die restlichen Formen lauten.

a Fertige je ein Kärtchen mit den Verben hacer, estar, tener, ir, saber und salir an.

b Wähle ein Kärtchen aus und zeige deinem/-r Mitschüler/in nur die rechte Hälfte. Er / Sie ergänzt die fehlenden Formen mündlich.

ESCUCHAR Y REPETIR

2|6

3 Escucha y repite el trabalenguas.

Porque puedo, puedes,
porque puedes, puedo,
pero si[1] no puedes,
yo tampoco puedo.

1 si *wenn*

PRACTICAR

56|5

4 Mete[1] los verbos en las carpetas. | Stecke die Verben in die Mappen.

1 meter *stecken*

Ejemplo:

Laura, mete el verbo «hacer» en la carpeta 3.

«Hace». Niko, mete el verbo [•••].

ir *hacer* *tener*
salir *estar* *saber*

5 Forma frases. ▸▸ Resumen 3, p. 84
Tipp: Denke daran, die Verben zu konjugieren!

a + el = al

1. Valentina
2. Nosotras
3. Raúl y Roberto
4. Yo
5. Vosotros
6. Tú

ir a
estar en

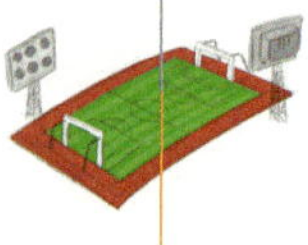

DELE **6** Completa el texto con las preposiciones a, en, de, para, con, conmigo, contigo y entre.

Hoy es sábado y los chicos quieren ir [...] la playa favorita [...] Javi, la playa del Postiguet. Quedan [...] las tres [...] la tarde [...] casa [...] Esteban. Su madre prepara tortilla [...] patata [...] la playa y los chicos salen [...] la calle. [...] la playa primero nadan un poco. Después Sarah tiene hambre.

Sarah: Esteban, ¿dónde está la tortilla?
Esteban: [...] la mochila [...] Elena. Pero, ¿dónde está Elena? ¡Los chicos ya no ven [...] su amiga! Al final Sarah descubre [...] Elena. ¡Está [...] el agua!
Esteban: Tengo ganas [...] comprar un helado. ¿Quién quiere tomar un helado [...]?
Sarah: Yo tomo uno [...], pero primero quiero nadar un poco [...] Elena, ¿vale? Javi, puedes beber mi zumo [...] naranja. Mira, allí está, [...] el reloj y el libro.

Elena y Sarah nadan un poco y después vuelven [...] la playa [...] tomar un helado [...] sus dos amigos.

58|7 **7 a** Escribe cinco preguntas sobre el texto A ¿Vamos a la playa? (p. 79) en tu cuaderno. Utiliza:

¿quién? ¿quiénes?	¿cómo?
¿qué?	¿cuándo?
¿dónde?	¿a qué hora?
¿adónde?	¿por qué?
¿de dónde?	

ir	*nadar*
llamar	*quedar*
hacer	*apuntar*
contestar	[...]
empezar	

b Haz las preguntas a tu compañero/-a. Él / Ella contesta.

2|7
58|6 **8 a** Escucha y apunta los números. | Die Geheimagenten Mortadelo und Filemón müssen eine geheime Botschaft entziffern. Wie lautet die Botschaft?

a	b	c	ch	d	e	f	g	h	i
21	25	27	30	31	33	36	42	47	49
j	k	l	ll	m	n	ñ	o	p	q
54	55	60	61	62	68	70	74	78	79
r	s	t	u	v	w	x	y	z	
82	87	88	89	90	92	95	98	99	

b A jugar. | Bereite weitere verschlüsselte Botschaften vor und diktiere die Zahlen deinen Mitschülern. Wer entschlüsselt deine am schnellsten?

VOCABULARIO

56|2 **9 a** Forma parejas.

aburrido/-a	antes
encima de	la piscina
el hambre	contigo
llegar temprano	salir a
hacer los deberes	también
la noche	buscar

debajo de	divertido/-a
volver a	conmigo
llegar tarde	tampoco
encontrar	la sed
después	el día
la playa	ir al polideportivo

b Escribe una historia. | Verwende möglichst viele Wörter aus 9a.

■■■ ESCUCHAR

10 a Escucha y completa el cuadro en tu cuaderno.

2|8
58|8

	¿Cuántos años tiene?	Su número de teléfono
Matías	[...]	[...]
Pilar	[...]	
Maripaz	[...]	

b Mira tus apuntes. | Maripaz hat die richtige Telefonnummer. Warum?

c A jugar. | Jeder notiert seine Telefonnummer auf einen Zettel. Tragt alle Zettel zusammen und mischt sie. Jeder zieht einen Zettel. Ein/e Schüler/in liest die Nummer vor. Derjenige, der sie erkennt, antwortet.

Ejemplo:

– Es el 24 12 45. ¿De quién es?

– ¡Es mi número!

■■■ ACTIVIDADES

11 Quieres quedar con tu compañero/-a. Preparad un diálogo. Luego interpretad la escena. Utilizad:

59|9

+	–
playa cine museo	piscina estadio clase de baile español

¡Dime!
¡Dígame!

¡Hola!
¡Hola! Soy [...].

¿Quieres ir a [...]?
¿Tienes ganas de ir a [...]?

¿Dónde quedamos?
¿A qué hora?

Delante de [...].
A la/s [...].
En [...] a la/s [...].

¡Claro que sí!
Todavía no sé.
No, es que no tengo ganas. ¿Por qué no vamos a [...]?
Lo siento, pero hoy no puedo. ¿Por qué no vamos mañana?

¡Muy bien!
¡Genial!
¡Estupendo!
¡Vale!
¡Bueno!

¡Adiós!
¡Hasta luego!
¡Hasta mañana!

B ¿ERES UNA PERSONA ACTIVA?

60|1
60|2

1 Haz el test. Después lee el resultado.

1 Es el cumpleaños de tu amigo/-a y tú

a organizas una fiesta sorpresa.
b compras un regalo bonito.
c prefieres leer una revista en casa.

2 Para ti hacer deporte es

a genial.
b divertido.
c aburrido.

3 Sales con tus amigos. ¿Quién organiza la tarde?

a Casi siempre tú.
b A veces tú, a veces tus amigos.
c Casi siempre tus amigos.

4 ¿Qué actividad prefieres?

a Ir a la piscina.
b Tomar un helado con tus amigos.
c Ver la tele.

5 Tu animal favorito es

a el perro.
b el gato.
c la tortuga.

6 Es tu cumpleaños. Tu regalo favorito es

a una bici.
b dos entradas para el concierto de tu cantante[1] favorito.
c un móvil.

7 En tu tiempo libre prefieres

a hacer deporte.
b quedar con tus amigos.
c estar frente al ordenador.

8 Llamas a tu amigo/-a y quedas con él / ella

a en el polideportivo.
b en la heladería.
c en tu casa.

Resultado

a Eres una persona muy activa. Salir con amigos y hacer deporte son tus actividades favoritas. Estar un día entero[2] en casa sin[3] salir es muy aburrido para ti.

b Eres una persona muy flexible – no importa si[4] tus amigos quieren pasear en bici o ver un DVD: tú siempre estás con ellos.

c Escuchar música, ver la tele, jugar con el ordenador … Puedes estar solo/-a sin problemas. A veces hasta[5] no piensas en quedar con tus amigos y salir con ellas.

1 el/la cantante *Sängerin*
2 entero/-a *ganz*
3 sin *ohne*
4 si *hier ob*
5 hasta *hier sogar*

RESUMEN DE GRAMÁTICA

GH 22|26 **1** **La hora | Die Uhrzeit**

Son las tres.

Son las tres **y** media.

Es la una.

Son las tres **y** diez.

Son las cuatro **menos** cuarto.

Es la una y cuarto.

Son las tres **y** cuarto.

Son las cuatro **menos** diez.

Wann verwendest du y, wann menos?

GH 23|27 **2** **El verbo hacer | Das Verb hacer**

	hacer	
Yo	ha**go**	una tortilla de patata.
Oye, Sarah, ¿qué	haces	por la tarde?
Sergio	hace	un pastel.
¿Qué	hacemos	ahora?
Chicas, ¿cuándo	hacéis	vuestros deberes?
Mis amigos	hacen	una fiesta.

GH 24|28 **3** **El verbo ir | Das Verb ir**

	ir	
Mañana	**voy**	al estadio.
¿Tú	**vas**	a clases de baile español?
Paco	**va**	al colegio.
Maite y yo	**vamos**	al cine.
Hola chicos, ¿adónde	**vais**	?
Los chicos	**van**	a la fiesta.

GH 24|29 **4** **Los pronombres conmigo y contigo | Die Pronomen conmigo und contigo**

¿Quieres salir	**conmigo**	?
Hoy no puedo salir	**contigo**	.
Sergio habla	**con él / ella**	por la tarde.
¿Por qué no vas	**con nosotros / nosotras**	a la playa?
A las dos como	**con vosotros / vosotras**	.
Alberto no quiere salir	**con ellos / ellas**	.

GH 24|30 **5** **Los pronombres interrogativos adónde y cuándo | Die Fragewörter adónde und cuándo**

Hola, Diego, ¿**adónde** vas? – Al estadio.
Hola, chicos, ¿**cuándo** vais a la playa? – El sábado.

Schreibe alle Fragewörter auf, die du schon kennst.

¡ANÍMATE!

1

Tarifa	
Entrada	3,40€
Abono 10 usos	25,75€
Abono 20 usos	40,60€
Abono 30 usos	54,10€

Piscina Monte Tossal

Horario

Martes a jueves: de 9:00 a 17:00

Viernes a domingo: de 9:00 a 20:00

Meses de julio y agosto:

Martes a domingo: de 9:00 a 20:00

2

ALICANTE C. F. – BENIDORM C. D.

Domingo, 18.00 horas

Estadio José Rico Pérez

www.alicantecf.info

3

El Museo del Juguete

Horario de visitas

Martes – sábado:
de 10:00 a 13:00 y de 16:00 a 19:00 horas

Domingos y festivos:
de 11:00 a 14:00 horas

Lunes: cerrado

4

CINES EXPLANADA MULTISALAS
c/Explanada de España, 39
03002 Alicante
CARTELERA

Piratas del Caribe: En el fin del mundo	15.50	18.00
Harry Potter y la orden del fénix	16.20	19.10
Wallace & Gromit: La maldición de las verduras	16.00	19.00
Charlie y la fábrica de chocolate	16.00	18.05
La gran aventura de Mortadelo y Filemón	15.45	18.05

1 Was kannst du in Alicante unternehmen?

APRENDER MEJOR

2 **Ein Rollenspiel vorbereiten**
Los chicos quieren salir juntos: Esteban y Sarah quieren ir a la piscina, pero Javi y Elena no tienen ganas. Repartid los roles y preparad diálogos. Después interpretad la escena en clase.

Destreza
Wenn du eine Rolle erarbeiten möchtest, dann fertige dir einen Zettel mit Stichwörtern an und überlege:
- wen du darstellst (die Eigenschaften) und
- was die dargestellte Person tun oder sagen soll (die Handlung).

Überlege dir auch, welchen Charakter die anderen Personen haben und wie sie reagieren können.

EL HORARIO DE LOS CHICOS

¡ACÉRCATE!

COMPRENDER

2|9

1 Schau dir den Stundenplan an: Welche Fächer erkennst du wieder?

Abuela: ¿Cuántas horas de Lengua y Literatura tenéis durante la semana?
Javi: Cuatro. Una los lunes, dos los miércoles y una los viernes.
Abuela: ¿Y hasta qué hora tienes clase el viernes?
Javi: Hasta las cinco y diez. Tengo clase de Música desde las cuatro y cuarto hasta las cinco y diez.

EL HORARIO DE LA CLASE 1° DE ESO

	LUNES	MARTES
09:10–10:05	Ciencias de la Naturaleza	Geografía e Historia
10:10–11:05	Inglés	Inglés
recreo		
11:30–12:25	Matemáticas	Educación Física
12:30–13:25	Lengua y Literatura	Educación Física
comida		
15:15–16:10	Educación Plástica y Visual	Matemáticas
16:15–17:10	Tutoría	Tecnología

Esteban: ¿Qué deberes tenemos para el lunes?
Elena: Los deberes de Inglés.
Esteban: ¿Qué? ¿El lunes tenemos Inglés?
Elena: ¡Claro que sí! Por la mañana siempre tenemos Inglés.
Esteban: Entonces, ¡no hay domingo! ¡Qué palo!

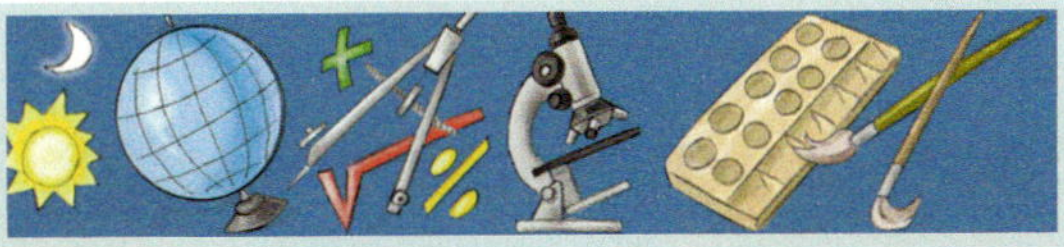

MIÉRCOLES	JUEVES	VIERNES
Optativa	Tecnología	Lengua y Literatura
Geografía e Historia	Educación Plástica y Visual	Inglés
Lengua y Literatura	Matemáticas	Educación Plástica y Visual
Lengua y Literatura	Matemáticas	Ciencias de la Naturaleza
Música	Geografía e Historia	Optativa
Religión / - Ética	Ciencias de la Naturaleza	Música

3

Elena: Mi asignatura favorita es Ciencias de la Naturaleza porque aprendemos un montón de cosas sobre los animales.
Esteban: Pues yo prefiero Geografía e Historia.
Sarah: ¡Bah! Para mí Geografía es muy aburrida.

2 Contesta las preguntas.

1. ¿Cuántas horas de Matemáticas tienen los chicos durante la semana?
2. ¿Cuándo tienen Geografía e Historia?
3. ¿A qué hora tienen Educación Física?
4. ¿A qué hora es el recreo?
5. ¿Qué asignaturas tienen los chicos el jueves?

3 Compara tu horario con el horario de los chicos.

62|1

Nosotros tenemos Los chicos tienen	[...] horas de	Matemáticas. Educación Física.

No tenemos [...], pero tenemos [...].

Nosotros tenemos clase Los chicos tienen clase	por la mañana. por la tarde. desde la/s [...] hasta la/s [...].

En nuestro colegio En el colegio de los chicos	el recreo tiene [...] minutos. una hora de clase tiene [...] minutos.

ESCUCHAR Y REPETIR

2|10

4 Escucha y repite.

Lunes, martes, miércoles y jueves,
viernes, sábado, tenemos que estudiar
pero el domingo siempre, siempre
lo[1] dejamos para descansar[2].

1 lo *den*
2 descansar *ausruhen*

PRACTICAR

63|3
63|4

5 Elena pregunta a Javi y él contesta. Mirad las actividades de Javi y haced los diálogos.

¿Vamos con Esteban a la piscina **el lunes**?

Lo siento, no puedo, **los lunes** siempre tengo clases de guitarra.

25 lunes	26 martes	27 miércoles	28 jueves	29 viernes	30 sábado
clases de guitarra	ir a casa de la tía María	cuidar el perro de Sarah	hacer los deberes de Inglés con Sarah	estudiar para el examen de Mates	ir al cine

- piscina con Esteban
- fútbol en el polideportivo
- horchata en la heladería de la Explanada
- playa
- estadio
- estudiar juntos
- película en la tele

ESCUCHAR

2|11
62|2

6 Escucha y apunta los nombres de los chicos y sus asignaturas favoritas.

ACTIVIDADES

7 Habla con tu compañero/-a. Utiliza:

Mi asignatura favorita es [...].

Yo prefiero [...], ¡porque es (muy) [...]!

¡Bah! para mí [...] es muy [...]!

divertido/-a interesante aburrido/-a fácil difícil [...]

A ASÍ SON LOS CHICOS

2|12
2|13

Elena

Por la mañana Elena desayuna un poco y sale de casa a las ocho y media para ir al colegio. Hoy es lunes y Elena está un poco cansada, pero también está contenta. ¿Por qué? Porque por la tarde va a su curso de baile español. Además hoy tiene clase de Ciencias de la Naturaleza. Es su asignatura favorita, pero también es muy buena en Matemáticas y en Geografía e Historia. Casi siempre tiene buenas notas, sólo en Inglés, no. Elena es tranquila, tiene chispa y en la clase de Inglés está atenta, pero los idiomas y las palabras nuevas, ¡no son su fuerte!

Javi

A la hora de comer Javi no vuelve a casa porque come en el colegio. Javi es un chico muy simpático y en el recreo siempre está con sus amigos y cuenta chistes. No es muy amigo de los deportes, pero de la música, sí. Después de las clases Javi toca la guitarra y escucha música. Sus asignaturas favoritas son Música y Lengua y Literatura, porque también lee mucho.
Hoy es jueves y Javi está un poco nervioso porque tiene un examen de Matemáticas. Javi es bueno en el colegio y casi siempre tiene buenas notas. ¡Casi siempre!

Sarah

Los martes por la tarde Sarah está sola en casa. Hace los deberes y sale a pasear con Sami, su perro, o ve un poco la tele. A veces Sarah y Elena estudian juntas porque Sarah es buena en Inglés: su fuerte son los idiomas. También es buena en Matemáticas y es muy deportista, pero odia Geografía. Para ella es muy aburrida y está harta de los nombres de las montañas o de los ríos. Por eso a veces tiene malas notas en Geografía.
Sarah es muy alegre y ¡es también muy parlanchina!

Esteban

Esteban es activo y un poco travieso. Sus actividades favoritas son el fútbol y el voleibol. Por la noche la familia cena y después Esteban a veces chatea con sus primos de Costa Rica.
Sus asignaturas favoritas son Educación Física y Tecnología, pero también Ciencias de la Naturaleza y Geografía e Historia. Esteban sólo tiene un problema: ¡está harto de Mates!

COMPRENDER

64|1

1 Contesta las preguntas. ¿Qué hace …

1. … Elena por la mañana?
2. … Javi a la hora de comer?
3. … Sarah los martes por la tarde?
4. … Esteban por la noche?

2 a Prepara tarjetas sobre Javi, Sarah y Esteban con la información del texto.

Ejemplo:

nombre:	Elena
¿cómo es?:	tranquila
asignatura favorita:	Ciencias de la Naturaleza
también es bueno/-a en:	Matemáticas y Geografía e Historia
no es bueno/-a en:	Inglés
actividades después de las clases:	baile español

b Prepara una tarjeta sobre un/a compañero/-a de clase.

DESCUBRIR

3 a Formad cuatro grupos. Cada grupo elige una parte del texto de la página 89: buscad los adjetivos con una forma de estar y los adjetivos con una forma de ser. Apuntad las frases en la pizarra, como en el ejemplo.

64|3
65|4

¿Cómo está?	¿Cómo es?
Hoy es lunes y Elena <u>está</u> un poco <u>cansada</u>, pero también <u>está contenta</u>.	Elena <u>es tranquila</u>.

b Schau dir die Beispiele an: In welcher Spalte wird gesagt, wie sich die Kinder (heute) fühlen?

PRACTICAR

4 ¿Cómo están los chicos?
Tipp: Denke daran, die Adjektive anzugleichen und die Verben zu konjugieren!

estar	contento/-a cansado/-a harto/-a nervioso/-a solo/-a atento/-a	porque	(tener) un examen mañana sus padres no (estar) en casa Inglés (ser) su asignatura favorita por la tarde (ir) a la playa con sus amigos su hermana siempre (dejar) sus cosas en su habitación siempre (leer) mucho por la noche

DELE **5 a** Describe el día de José Enrique.

Ejemplo: 1. A las seis y media José Enrique desayuna con sus padres en casa.

b Ahora describe tu día. Escribe un texto en tu cuaderno.

6 Haz preguntas a tu compañero/-a. Él / Ella contesta.
Utiliza cuántos, cuántas.

66|9
67|10

¿Cuántas chicas hay en la clase?

¿Cuántos alumnos hay en la clase?

¿Cuántos [...]?

mesa
silla
pizarra
ventana
mochila
chico
cartel
profesor
[...]

VOCABULARIO

7 a Busca y escribe las palabras con el artículo determinado en tu cuaderno.

b Wer kann die meisten Sätze mit den Wörtern aus **a** bilden?

8 Presentad a uno de los chicos. Imaginad:

67|11

¿Cómo es?
sus actividades favoritas
¿Qué odia?
¿Qué hace por la tarde?

simpático/-a
deportista
alegre
parlanchín/-ina
activo/-a
travieso/-a
tranquilo/-a
inteligente

ESCUCHAR

9 a Escucha y relaciona: ¿cómo se llaman los chicos?

2|14
65|7

Yolanda
Ángela
Raquel
David

b Escucha otra vez: ¿cómo están los chicos hoy?

2|14

ACTIVIDADES

10 Tú en el colegio. Escribe un texto. Puedes utilizar:

P

Mi asignatura favorita es: [•••].
Soy (muy) bueno/-a en [•••].
No soy muy bueno/-a en [•••].
Tengo buenas notas en [•••].
¡[•••] no es / son mi fuerte!
(No) soy muy amigo / amiga de [•••].
Mi fuerte es / son [•••], pero odio [•••].
Estoy harto/-a de [•••].

11 Imagina tu colegio ideal y contesta las preguntas. | Beschreibe deine ideale Schule.

1. ¿Qué asignaturas tienes?
2. ¿Cuántos alumnos hay en la clase?
3. ¿A qué hora empiezan las clases?
4. ¿Hasta qué hora tienes clase?
5. ¿Hay exámenes y notas o no?

12 Presentad vuestro colegio en español.
Tipp: Tomad fotos, escribid un texto y preparad un cartel.

B EN EL COLE

APRENDER MEJOR

1 Einen Text mit Hilfe von Bildern entschlüsseln

a Mira los dibujos y explica en alemán: ¿Qué pasa?

69|1

b Lee el cómic: ¿qué significa en alemán?

¡Es el mío! ¡Ya te llamaré!
Llámame a mi móvil.

Destreza
Um einen Comic auf Spanisch zu verstehen, brauchst du nicht jedes Wort zu kennen. Schau dir zunächst die Bilder an, sie erzählen schon eine Menge. Sie können dir auch helfen, die Bedeutung mancher Sätze zu verstehen.

ACTIVIDADES

2 Trabajad en grupos. Imaginad y dibujad un cómic: Una clase divertida.

P

RESUMEN DE GRAMÁTICA

GH 25|31 1 Adjetivos con el verbo estar | Adjektive mit dem Verb estar

Javi	**está**	**nervioso**	.
Sarah	**está**	**sola**	en casa.
Elena	**está**	**cansada**	.
Esteban	**está**	**harto**	de Mates.
Elena	**está**	**atenta**	en la clase de Inglés.
Javi	**está**	**contento**	.

GH 25|32 2 El uso de ser y estar | Der Gebrauch von ser und estar

Javi es un chico muy tranquilo,		**está nervioso** porque tiene un examen.
Elena es buena en mates,	pero **hoy**	no **está atenta** en clase.
Esteban es activo,		**está cansado**.

Finde jeweils drei weitere Beispiele für ser + Adjektiv und estar + Adjektiv und formuliere drei Sätze.

GH 26|33 3 Indicadores temporales | Zeitangaben

¿Vamos **el sábado** a la piscina?
No, **los sábados** siempre voy a casa de mis abuelos.

Por la mañana Elena va al instituto.
A la hora de comer Javi está en el colegio.
Por la tarde Sarah está sola en casa.
Por la noche Esteban cena con su familia.
Durante la semana tiene tres horas de Inglés.

Javi tiene clase **desde** las nueve y diez **hasta** las cinco y diez.

GH 26|34 4 El pronombre interrogativo cuánto/-a | Das Fragewort cuánto/-a

¿**Cuánto** tiempo necesitas para los deberes?
¿**Cuántos** alumnos hay en la clase?

¿**Cuánta** comida necesitamos para la fiesta?
¿**Cuántas** asignaturas tenéis?

Finde je ein weiteres Nomen für cuántos und cuántas.

GH 26|35 5 La conjunción y | Die Konjunktion y

Esteban es travieso **y** activo.
Esteban es travieso **e i**nteligente
Su asignatura favorita es Geografía **e Hi**storia.

¡ANÍMATE!

1

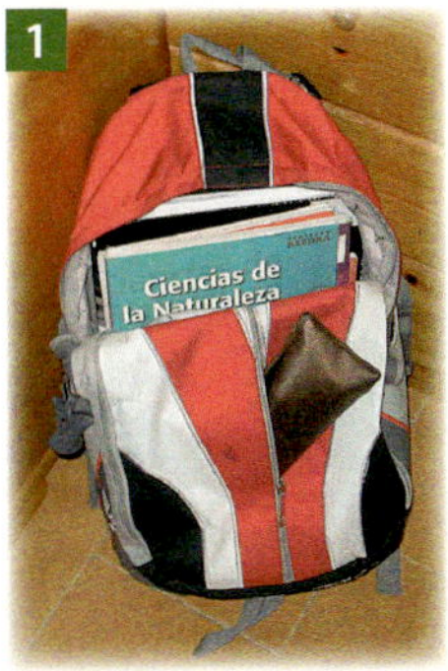

2

3

4

5

6

7

2|15

1 a Escucha: ¿dónde están los chicos?

b Was verstehst du noch?

¿QUÉ LLEVAS HOY?

¡ACÉRCATE!

2|16

1

LA ROPA

a

la chaqueta

b

la camisa de manga larga

d

la gorra roja

e

los zapatos negros

f

el vestido amarillo

g

los vaqueros azules

2

k

el chándal

3

c

los pantalones

ch

la camiseta de manga corta

h

la falda blanca

i

el jersey verde

j

las zapatillas de deporte

COMPRENDER

Nina, busca cosas blancas.

¡La camisa de Javi del dibujo 2 y la falda de la foto h! [•••]

1 Busca en las páginas cosas blancas, amarillas, rojas, verdes, azules y negras.

71|2

2 Formula preguntas sobre los chicos como en el ejemplo. Tu compañero/-a contesta.

¿quién? ¿qué? ¿dónde? ¿adónde? ¿por qué? ¿cómo? ¿cuándo? ¿de quién?	*llevar* *tener* *estar* *ir* *ser* [•••]	[•••]

¿Quién lleva zapatillas nuevas?

■■■ ESCUCHAR

2|17 **3** Escucha la canción y apunta: ¿qué ropa hay? | Notiere mindestens vier Kleidungsstücke in deinem Heft.

■■■ PRACTICAR

71|1 **4** Apunta en una tarjeta: ¿qué llevas hoy? | Mischt die Kärtchen und spielt ein Ratespiel wie im Beispiel.

- un jersey azul
- vaqueros
- zapatillas blancas

Lleva un jersey azul, vaqueros y zapatillas blancas. ¿Quién es?

¡Es Katharina!

5 Jugad a «Veo veo». | Spiele „Ich sehe was, was du nicht siehst" in der Klasse.

■■■ ACTIVIDADES

72|4 **6** Dibuja un chico / una chica como en el ejemplo y presenta tu ropa ideal.

A LA FALDA VERDE

2|18
2|19

Esta noche hay fiesta en el barrio San Blas. Sarah, Esteban y Javi quieren pasar por casa de Elena porque quieren ir a ver los fuegos artificiales con ella y su madre. Los chicos tienen una idea genial: llevar ropa muy original.

Sarah lleva unas gafas de sol muy grandes y «muy monas», como dice ella. Esteban lleva unos pantalones, una camisa de manga larga, una chaqueta y un sombrero. Y Javi … pues Javi lleva ropa negra. «Tu ropa mola mucho» – dicen Sarah y Esteban.

Elena está en su habitación. Tiene prisa porque en quince minutos llegan sus amigos y todavía no encuentra su falda verde. Hoy quiere llevar esa falda con su gorra verde y unas zapatillas verdes también. A Elena le gusta mucho llevar ropa verde. Va muy bien con su pelo castaño y con sus ojos – dice ella.

Pero, ¿dónde está la falda? Busca en el armario, en el montón de ropa encima del sillón y al lado de su cama. Hum, seguro que su madre sabe dónde está. Elena le pregunta: «Mamá, ¿sabes dónde está mi falda?» «En la lavadora» – contesta su madre. «No, esa falda es la blanca».

«Entonces, ¿qué hago?» – piensa Elena. «Bueno, primero ordeno un poco mi habitación y después vamos a ver … ¡La falda tiene que estar por aquí, en esta habitación!» Pero ya llegan sus amigos y ellos quieren salir en seguida para ir a la fiesta. «Elena, ¿estás lista?» – preguntan. Pues no, Elena no está lista.

La madre entra con unos pantalones en la mano: «¿Por qué no llevas estos vaqueros blancos? Están de moda. ¿No te gustan?» «Bueno» – piensa Elena – «ahora, ¿qué le digo? Sí, los vaqueros me gustan y están de moda, pero son blancos y hoy quiero llevar ropa verde. Sin la falda verde no salgo con mis amigos, prefiero ver la tele en casa». De repente su madre le dice: «Elena, esas revistas, sí, mira, ahí encima de la cama, ¿no son de tu padre?» Elena mira primero a su madre, después ve las revistas y debajo de las revistas ve una cosa verde. Ahora Elena está muy contenta.

COMPRENDER

DELE
73|1

1 **Lee el texto y busca la respuesta correcta. Apunta la letra de la solución en tu cuaderno. | Die Buchstaben der richtigen Antworten ergeben ein Wort.**

1. A Elena …
   f le gustan las zapatillas de Esteban.
   g le gusta la ropa verde.
   o le gustan las faldas blancas.
2. Esta noche …
   u hay una fiesta en casa de Javi.
   r Elena no quiere salir.
   a hay una fiesta en el barrio San Blas.
3. Los chicos quieren llevar ropa …
   l elegante.
   s fea.
   f original.
4. Los amigos de Elena tienen …
   a prisa.
   m hambre y sed.
   i ganas de ver una película.
5. La madre de Elena …
   s descubre las revistas del padre en la habitación de Elena.
   o lleva una camiseta verde y unos vaqueros blancos.
   a no quiere ir con los chicos a la fiesta.

APRENDER MEJOR

2 **Eine Zusammenfassung schreiben**

a Apunta las preguntas ¿quién?, ¿qué?, ¿por qué?, ¿cómo?, ¿dónde?, ¿cuándo? en tu cuaderno. Después contesta las preguntas: busca la información importante en el texto (p. 99) y escríbela en tu cuaderno.

b Resume el texto (p. 99). Utiliza tus apuntes,

Destreza
Wenn du jemandem erklären willst, worum es in einem Text geht, beschränke dich auf die wichtigsten Informationen. Du kannst sie mit Hilfe der folgenden Fragen herausfiltern:

Wer?	Warum?	Wo?
Was?	Wie?	Wann?

Schreibe die Antworten auf diese Fragen in dein Heft.

ESCUCHAR Y REPETIR

2|20

3 a Escucha el trabalenguas.

Rosa Rosales
corta[1] una rosa[2].
¡Qué roja la rosa
de Rosa Rosales!

1 cortar *hier pflücken*
2 la rosa *Rose*

b Repite el trabalenguas.

DESCUBRIR

73|3 **4 a** Forma frases. | Wann verwendest du me gusta, wann me gustan? ▸▸ Resumen 1, p. 105

Me gusta
Me gustan

los vaqueros blancos.
la música de Shakira.
las zapatillas de Elena.
la camiseta azul.
el móvil de mi amigo.
las naranjas.
los conejos.
el estuche de mi amiga.

b Forma frases con (no) me gusta y (no) me gustan. ▸▸ Resumen 1, p. 105

PRACTICAR

5 a Completa las frases con me, te o le. ▸▸ Resumen 2, p. 105

1. A Esteban [...] gustan las películas.
2. A mí [...] gusta el zumo de naranja.
3. A ella [...] gusta el perro de Sarah.
4. A ti [...] gustan los vestidos de manga larga.
5. A él [...] gusta España.
6. A ti [...] gusta la chaqueta de tu amigo.

b ¿Qué te gusta? Apunta cuatro cosas en tu cuaderno. Luego pregunta a tu compañero/-a.
▶▶ Resumen 1, p. 105
Ejemplo:

A mí me gustan los perros. Y a ti, ¿también te gustan?

Sí, me gustan. / No, no me gustan.

A mí me gusta ir al cine. Y a ti, ¿también te gusta?

2|21
74|4

6 a Escucha el poema. Después cierra el libro y contesta: ¿qué le gusta a la chica?
▶▶ Resumen 1, p. 105

Me gusta tomar zumo
por eso tomo uno,
me gusta salir a pasear
pero también chatear,
me gusta llevar pantalones rojos
porque van bien con mis ojos,
y a ti, Augusta
¿qué te gusta?

b Escribe tu poema. Utiliza:
▶▶ Resumen 1, p. 105

escribir, tocar, cantar, tomar, estar, comer
en mi habitación, en el salón, una canción, horchata, tortilla de patata, las cosas ricas de la piñata
la guitarra, en la pizarra, una carta a Clara

Me gusta [...] y no [...]
me gusta [...] pero también [...]
me gusta [...] para [...]
y a ti, Augusta, ¿qué te gusta?

DELE
74|5
74|6

7 Completa las frases con los pronombres de complemento indirecto. ▶▶ Resumen 2, p. 105

1. Mis abuelos siempre [...] (yo) preguntan un montón de cosas.
2. Esteban vive en España y [...] (él) gusta.
3. La profesora [...] (tú) pregunta otra vez.
4. ¿Por qué no [...] (ella) dices todo?
5. El chico no [...] (yo) dice «hola».
6. ¿[...] (tú) gustan los animales?

75|8

8 Completa las frases con una forma del verbo decir. ▶▶ Resumen 4, p. 105

1. – Entonces, ¿qué le [...] (yo)?
   – Pues no sé.
2. – Y, ¿qué [...] (tú)? ¿Te gusta la idea?
   – ¡Claro!
3. – Y vosotros, ¿qué [...]?
   – ¡Pues vamos a ver!
4. – Javi [...] algo en la clase de Matemáticas.
5. – ¿Qué le [...] (nosotros) al profesor? ¿Una cosa graciosa?
   – ¡No, qué va!
6. – Sarah y Elena [...] una palabra en inglés.

9 Relaciona. ▶▶ Resumen 3, p. 105
Ejemplo: estas sillas

estos	sillas	esas	lápiz
este	kiosco	ese	relojes
estas	chaqueta	esa	pelotas
esta	animales	esos	lámpara

75|9
76|10

10 Completa las frases con este / ese, esta / esa, estos / esos, estas / esas.

▸▸ Resumen 3, p. 105

1

[•••] revistas ahí son de tus hermanas.

2

¡[•••] falda verde me gusta mucho!

3

¡[•••] vaqueros son muy bonitos!

4

Mira, [•••] chicos ahí, ¿son nuevos?

5

Oye, Esteban, ¿[•••] estuche aquí es de Javi?

6

[•••] bocadillo es para ti.

ESCUCHAR

2|22
76|11

11 a Escucha: ¿de quién hablan?

Fernando Alonso

Shakira

Raúl

Juanes

Enrique Iglesias

Jennifer López

b Elige a una de las personas. Tu compañero/-a tiene que hacer preguntas para adivinar quién es. Ejemplo:

¿Lleva una camiseta negra?

ACTIVIDADES

12 Repartid los roles A y B, inventad un diálogo y representad la escena en clase. Utilizad:

¡Hola! ¿Vamos? (No) estoy listo/-a. Quiero llevar [...].
¿Por qué no llevas [...]? ¿Te gusta/n? (No) me gusta/n. ¡Qué guapo/-a estás!
está de moda va bien con [...] ¡Date prisa! ¡Qué feo! ¡Qué bonito!

A

Du holst deine/n Freund/in ab und möchtest sofort losgehen. Sein / Ihr roter Pulli gefällt dir nicht. Du schlägst ihm / ihr vor, eine Jeans und ein blaues T-Shirt zu tragen, da die Farbe gut zu seinen / ihren Augen passt und gerade „in" ist.

B

Dein/e Freund/in holt dich ab. Du bist noch nicht fertig. Du möchtest einen roten Pulli tragen und fragst, ob er deinem/-r Freund/in gefällt. Wenn dein/e Freund/in dir vorschlägt, was du tragen sollst, probierst du es an. Dir gefällt der Vorschlag und ihr geht los.

13 Organizad un desfile de moda. | Organisiert eine Modenschau: Sucht euch zu Hause Kleidung aus und bringt sie mit in die Klasse. Ein/e Mitschüler/in erklärt, was der / die andere trägt.

Daniel lleva una camiseta del Club de Fútbol Barcelona.
Es azul y roja. Además, lleva una gorra muy bonita y unos pantalones muy elegantes. Sus zapatillas son rojas.
¡Mola mucho!

B ¿SIEMPRE CON ZAPATILLAS DE DEPORTE?

2|23
2|24

Son un elemento importante de tu *look* de estudiante. Dicen mucho de ti … ¡Son las zapatillas de deporte! Gabriel y Emilia hablan sobre sus zapatillas.

1

Éstas son mis zapatillas nuevas. Son mis favoritas para ir al colegio. Allí casi todo el mundo[1] lleva zapatillas. ¡Están de moda!

2

Estas zapatillas son bonitas y no muy caras[2]. Mi amigo tiene zapatillas muy caras: ¡Valen[3] 190 euros! En mi familia no gastamos[4] tanto[5] dinero en zapatos o zapatillas.

3

En realidad[6], llevo casi siempre zapatillas. Pero para salir con mis padres tengo que llevar mis zapatos negros. Pero no me importa porque van muy bien con mis vaqueros y con mi camiseta verde.

Gabriel

1

Éstas son mis zapatillas favoritas. Me gustan porque son de buena calidad[7]. Somos cuatro hermanos y por eso mis padres sólo me compran un par de éstas al año.

2

Éstas son mis zapatillas viejas[8], pero todavía me gustan porque van muy bien con mis colores favoritos: el negro, el rojo y el blanco. ¡Y, además, son supercómodas[9]!

3

Éstas son mis zapatillas para hacer deporte: ir en bici y correr[10]. Mi especialidad son los 100 metros.

Emilia

1 todo el mundo *alle*
2 caro/-a *teuer*
3 valer *kosten*
4 gastar *ausgeben*
5 tanto/-a *so viel/e*
6 en realidad *eigentlich*
7 ser de buena calidad - *eine gute Qualität haben*
8 viejo/-a *alt*
9 supercómodo/-a *superbequem*
10 correr *laufen, rennen*

PRACTICAR

78|1
78|2

1 Contesta la pregunta: ¿cuándo llevas zapatos, cuándo zapatillas?

RESUMEN DE GRAMÁTICA

GH 27|37 1 El verbo gustar | Das Verb gustar

Me gust**a**	cantar. comprar ropa azul. salir con mis amigos.
Me gust**a**	**la** horchata. **la** tortilla de patata. **el** perro de Sarah.
Me gust**an**	**los** bocadillos. **los** libros de historia. **las** camisetas de Javi.

Wann verwendest du me gusta, wann me gustan?

GH 27|36 2 El pronombre de complemento indirecto en singular | Das indirekte Objektpronomen im Singular

La profesora	**me**	pregunta algo.
¿Y	**te**	pregunta también?
Hoy	**le**	pregunta mucho.

GH 28|38 3 Los determinantes demostrativos este y ese | Die Demonstrativbegleiter este und ese

singular	est**e** libr**o** es**e** libr**o**	est**a** plum**a** es**a** plum**a**
plural	est**os** libr**os** es**os** libr**os**	est**as** plum**as** es**as** plum**as**

Warum wird hier einmal esta camiseta und einmal esa camiseta benutzt?

GH 28|39 4 El verbo decir | Das Verb decir

	decir	
¿Qué le	**digo**	a mi madre?
Pues le	d**i**c**es**	todo.
Javi	d**i**c**e**	algo en la clase.
¿Qué le	dec**imos**	al profesor?
Y vosotros, ¿qué	dec**ís**	?
¿Y qué	d**i**c**en**	los profesores?

REPASO 3, UNIDADES 7–9

ESCUCHAR

2|25

1 Apunta el cuadro en tu cuaderno. Después escucha y completa el cuadro con la información.

corredor/a[1]	¿De dónde es?	¿Qué número tiene?	¿A qué hora llega a la meta[2]?
Pablo Gomero	[•••]	[•••]	[•••]
Juan Rivera	[•••]	[•••]	[•••]
Gabriela López	[•••]	[•••]	
Claudia García	[•••]	[	

1 el/la corredor/a *Läufer/in*
2 la meta *Ziel*

PRACTICAR

DELE **2** Completa con una forma de ser o estar. ▸▸ Resumen 2, p. 94

1. María [•••] muy buena en Lengua y Literatura, pero hoy no [•••] atenta en clase.
2. Ella [•••] nerviosa porque hoy tiene un examen de Mates.
3. Felipe [•••] un chico muy simpático. Hoy [•••] muy contento porque va con su amigo Rafa al cine.
4. Hoy Lucía [•••] sola en casa porque sus padres están en el museo.
5. Pedro: «Berlín [•••] una ciudad grande. [•••] mi ciudad favorita».
6. Hoy Raúl [•••] muy cansado después de la clase de Educación Física.
7. Emilia [•••] de Barcelona, pero vive en Alicante.
8. Hoy Rodrigo [•••] harto de su hermana.

3 Lee las respuestas. Escribe las preguntas y las respuestas en tu cuaderno como en el ejemplo.
Ejemplo: 1. ¿Cómo estás? – Estoy muy bien.

1. Estoy muy bien.
2. Hay 31 alumnos en la clase.
3. Por la tarde, porque ahora tengo que hacer los deberes.
4. A las siete y media empieza la película.
5. Vivo en Salamanca, en España.
6. Porque estoy muy cansada.
7. Jorge, Raúl y Virginia van a la fiesta de mi primo.
8. Voy al partido de fútbol.
9. Es simpático y también muy deportista.

DELE **4** Completa el texto con las preposiciones a, en, de, para, por, conmigo, contigo, hasta.

Mariana vive [•••] Ñuñoa, un barrio [•••] Santiago de Chile. [•••] Mariana Ñuñoa es un barrio muy divertido. [•••] la tarde, después [•••] las clases, Mariana y su amiga Carolina quedan siempre [•••] la Plaza Ñuñoa. Ahí las chicas cuentan chistes, ven chicos y chicas pasar o charlan [•••] la noche. «Esta plaza me gusta» – dice Mariana – «porque aquí siempre hay un montón [•••] chicos y chicas. Las chicas son mis amigas, pero los chicos no hablan [•••]. Pero, Carolina, [•••] sí hablan, ¿o no?» «¿Los chicos? … ¡Bah!» – le dice Carolina [•••] Mariana – . «Además, esta plaza sólo me gusta porque luego vamos [•••] la heladería de aquí cerca. Ahí siempre tomo mi helado favorito: ¡helado [•••] chocolate[1]!»

1 el chocolate *Schokolade*

5 A jugar. | Bildet einen Kreis. Ein/e Schüler/in nennt eine Zahl mit zwei Ziffern. Der/die Nächste nennt eine weitere Zahl, die mit der letzten Ziffer der vorherigen Zahl beginnt.

6 Completa las frases de Javi con una forma de este / esta, ese / esa.

▸▸ Resumen 3, p. 105

1. Oye, Esteban, ¿para quién son [...] regalos?
2. [...] libro es muy divertido.
3. ¿[...] zumo es de naranja?
4. ¿[...] camiseta verde es nueva?
5. [...] revistas son de historia.
6. ¡Bah! [...] mochila no me gusta, es muy fea.
7. ¿[...] gafas de sol son de tu padre?
8. Mira, [...] lápices de color son para ti.

7 Ordena las frases en tu cuaderno como en el ejemplo.

Ejemplo: 1. Hoy es mi cumpleaños.

1. es – cumpleaños – hoy – mi
2. buena – Geografía – en – muy – e – soy – Historia
3. las – museo – el – quedamos – media – en – a – siete – y
4. siempre – azules – vaqueros – llevo – casi
5. nuevas – son – éstas – clase – chicas – las – de – la
6. Esteban – fuegos – a – gustan – le – los – artificiales

VOCABULARIO

8 a Apunta dos mapas mentales en tu cuaderno.

▸▸ Resumen 1, p. 105

Ejemplo:

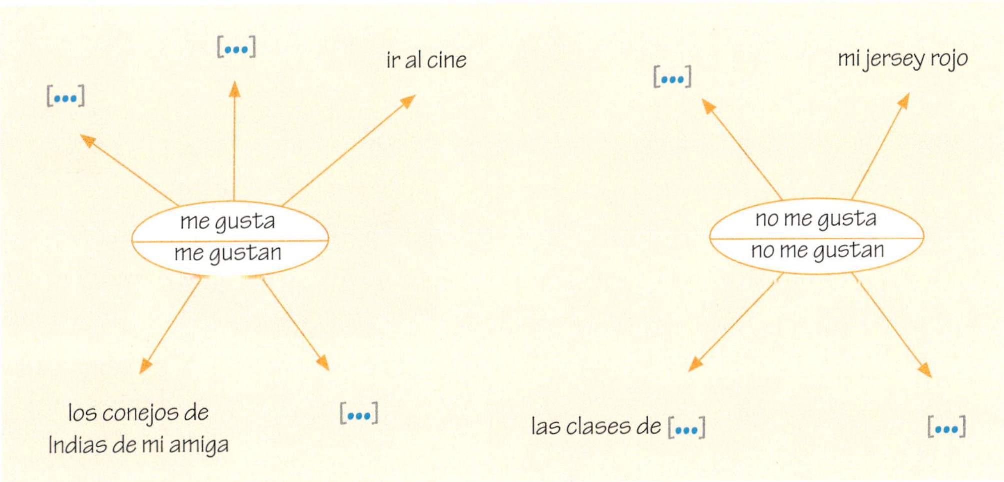

b Ahora presenta a un/a compañero/-a.

▸▸ Resumen 1, p. 105

Ejemplo: A Julia le gusta bailar. También le gusta su estuche nuevo y su perro. Pero no le gustan las películas de «Harry Potter».

EL DÍA DE LA COMIDA SANA

¡ACÉRCATE!

2|26

La próxima semana es «el día de la comida sana» en el colegio. Para empezar los chicos preparan un cartel para la clase con su desayuno favorito.

Nombre: Elena Méndez Álvarez
Clase: 1° ESO

Un desayuno perfecto para mí es:

zumo de manzana,

¡Qué rico!

cereales

y fruta: por ejemplo, un plátano, una pera o un melocotón.

¡Qué sano!

Nombre: Javier del Río Ferrer
Clase: 1° ESO

¡Mi desayuno favorito!

A mí me gustan mucho las cosas dulces y siempre desayuno:

¡Qué rico!

cruasanes, galletas,
tostadas con mantequilla,
a veces con mermelada,
y leche o Cola Cao.
¡Es un desayuno estupendo!

¡Hum!

Nombre: Esteban Quesada Rojas
Clase: 1° ESO

Mi desayuno favorito es un desayuno típico de Costa Rica con:

queso, pan y gallo pinto con huevos (es un plato de arroz y frijoles). Mi mamá siempre prepara gallo pinto los fines de semana.

¡Viva Costa Rica!

Nombre: Sarah Brinkmann
Clase: 1° ESO

¡Mi desayuno favorito!

Nosotros desayunamos como en Alemania:

embutidos,

pan,

mantequilla y

mermelada. Y siempre bebo leche.

¡Qué bueno!

COMPRENDER

1 a Formula preguntas para tus compañeros. Ellos contestan.

¿Quién toma [...]?

80|1

b Mira los carteles: ¿qué desayuno prefieres tú? Puedes utilizar:

Yo prefiero el desayuno de	Elena Javi Esteban Sarah	porque a mí también me gusta/n [...].		
		porque [...]	es muy	rico/-a. [...].
			son muy [...].	

c ¿Y tú? ¿Qué desayunas durante la semana? ¿Y los fines de semana?

VOCABULARIO

2 a Apunta las palabras con el artículo determinado en tu cuaderno.

80|2

d s y n	e a u o
m n t q ll	a e u i a
m l c t n	e o o ó
c r l s	e e a e
l c h	e e
h v	u e o
m b t d s	e u i o
m n z n	a a a

b Ordena las palabras de **2a** en un mapa mental.

c Completa tu mapa mental con más palabras del texto y con palabras que ya sabes.

ESCUCHAR

2|27
DELE

3 Escucha y corrige.

1. Son las ocho y cuarto.
2. Para el desayuno hay Cola Cao y tostadas.
3. También hay zumo de manzana.
4. Hoy Javi quiere galletas.
5. A Javi no le gusta el desayuno alemán.
6. Al final, la madre prepara cereales con fruta para Javi.
7. Para beber él prefiere un zumo.

ACTIVIDADES

4 Mira las fotos un minuto, cierra el libro y apunta las cosas. | Wer von euch hat sich die meisten Gegenstände gemerkt?

5 Prepara un cartel y presenta tu desayuno favorito.

ESCUCHAR Y REPETIR

2|28

6 a Escucha el trabalenguas.

– ¿Cómo comes en Como[1]?
– ¿Cómo que cómo como en Como?
Como en Como, como en Como como.

1 Como *Stadt in Italien*

b Repite el trabalenguas.

A ¿QUÉ VAMOS A COMPRAR?

2|29
2|30

Los chicos van a casa de Elena porque tienen que preparar algo para «el día de la comida sana» que van a organizar en el cole el próximo viernes. «¿Por qué no compramos hamburguesas con patatas fritas?», pregunta Javi. «¡No!», contestan sus amigos, «Javi, la comida que a ti te gusta ¡no siempre es sana!»
Javi no está de acuerdo: las hamburguesas tienen lechuga y tomate, y la lechuga y el tomate son verduras que tienen muchas vitaminas. Y las patatas también son verduras, ¿o no? ¡Entonces las patatas fritas también son sanas! Además, en casa de Javi comen mucha carne y son muy sanos. A su abuelo le gusta mucho el jamón y ya tiene 60 años.
Javi está contento y mira a sus amigos que ahora están bastante perplejos. «Javi, mira en tu libro de Ciencias: las cosas fritas, como las patatas y las hamburguesas, tienen mucha grasa y pocas vitaminas», le contesta Esteban. «No importa», dice Javi, que no tiene ganas de escuchar los argumentos de sus amigos.
Menos mal que Elena vuelve de la cocina con una botella de zumo de fruta. Hum, muy bueno el zumo. Sobre todo le gusta a Javi, que toma la botella y lee «*Las frutas son sanas*. Eso también dice mi madre. ¡Entonces un pastel de frutas también es sano!» «Bueno», contesta Sarah, «los pasteles tienen mucho azúcar y según la profe de Ciencias, el azúcar no es muy bueno.» «¿Cómo?», pregunta Javi. «¡Los pasteles de tu padre son muy buenos!» Él y sus amigos estallan de risa. Para los chicos, las cosas dulces son muy ricas y «¡tan malas no pueden ser!», piensan ellos. Así pasan la tarde con muchos chistes y pocos argumentos.
La madre de Elena pregunta desde la cocina: «¿Vais a cenar con nosotras? Voy a preparar una macedonia porque hace mucho calor.» ¡Genial! Una macedonia es la idea perfecta para «el día de la comida sana»: es rica, sana y barata. De repente, los cuatro chicos hablan a la vez: «Perfecto», dice Sarah, «entonces compramos dos o tres latas de macedonia.» «Pero, ¡qué dices! Una macedonia para *el día de la comida sana* tiene que ser fresca, y las frutas en lata no son frescas», contesta Elena. Y Esteban pregunta: «¿Tenemos dinero para comprar un poco de chocolate?»

- 5 manzanas, 6 naranjas, 4 peras
- 1 melón
- 4 plátanos
- un kilo de uvas
- medio kilo de melocotones
- 1 piña grande
- un litro de zumo de naranja
- un paquete (cien gramos) de chocolate

COMPRENDER

81|1 **1** Completa las frases.

1. Los amigos tienen que preparar algo para comer porque [...].
2. Para Javi, las hamburguesas son muy sanas porque [...].
3. Los chicos no están de acuerdo con Javi porque [...].
4. Los pasteles no son muy sanos porque [...].
5. La madre de Elena quiere preparar una macedonia para la cena porque [...].
6. Una macedonia es la idea perfecta para «el día de la comida sana» porque [...].
7. Los chicos no quieren preparar la macedonia con frutas en lata porque [...].
8. Los chicos no compran manzanas porque [...].

DESCUBRIR

2 a Completa con una forma del verbo ir. ▸▸ Resumen 1, p. 116

1. Los chicos [...] a casa de Elena.
2. Esta tarde, ellos [...] a preparar algo para «el día de la comida sana».
3. Elena [...] a la cocina y vuelve con una botella de zumo.
4. Esta tarde, Javi [...] a hacer la lista de la compra.
5. Mañana Sarah y Esteban [...] a ir al mercado.

b Welche Sätze beziehen sich auf die Zukunft?

c Wie bildest du das futuro inmediato?

PRACTICAR

82|6 **3 a** ¿Qué va a hacer Javi el próximo miércoles? Puedes utilizar:

por la mañana por la tarde por la noche primero después al final	ir al cole / a la piscina / al Museo del Juguete / al mercado ver un partido de fútbol / una película en la tele leer un libro / una revista llamar a [...] hacer sus deberes tocar la guitarra visitar a sus abuelos desayunar con sus padres organizar con sus amigos «el día de la comida sana» cenar en casa de sus abuelos ordenar su habitación visitar a Elena / a Esteban / a Sarah comprar las frutas para la macedonia quedar con [...] preparar la macedonia

b ¿Y tú y tus amigos? ¿Qué vas / vais a hacer mañana? Cuenta.

Yo [...].

Nosotros [...].

82|4 **4** Completa con mucho, mucha, muchos, muchas y poco, poca, pocos, pocas. ▶▶ Resumen 3, p. 116

1. Fernando tiene [...] cedés y [...] libros.

2. Los caramelos tienen [...] vitaminas y [...] azúcar.

3. Javi tiene [...] miedo del perro, por eso tiene [...] ganas de salir de casa.

4. Pablo tiene [...] relojes, pero [...] tiempo.

5. Pedro tiene [...] sed y [...] hambre.

6. Elena tiene [...] vaqueros y [...] faldas.

82|5 **5 a** Formula preguntas como en el ejemplo y utiliza que.
Tu compañero/-a contesta. ▶▶ Resumen 2, p. 116
Ejemplo: – ¿Cómo se llama el chico que lee un libro? – Se llama Luis.

llevar un jersey rojo
contar un chiste
leer un libro
comprar una revista
llevar una gorra
estallar de risa
estar al lado de [...]
estar entre [...] y [...]
[...]

VOCABULARIO

6 a Adivina: ¿qué es?

Es una comida rica, sana y barata.
¡Es la macedonia!

1. Es una comida rica, sana y barata.
2. Es una fruta verde o roja.
3. Es una comida que tiene mucha grasa.
4. Es un plato típico de Costa Rica.
5. Puedes hacer una tortilla con ella.
6. Allí puedes comprar fruta.

b Formula una adivinanza para tus compañeros.

ESCUCHAR

2|31
81|3
83|8

7 a Esteban y Clara van a hacer la compra. Escucha y apunta las cosas que tienen que comprar.

b Esteban y Clara están en la tienda. Compara las cosas que ya tienen con la lista de la compra de **a**: ¿qué falta todavía?

ACTIVIDADES

81|2

8 a Busca con tu compañero/-a las diferencias en los dibujos. ¿Cuántas diferencias hay? Utiliza:

una botella una lata medio kilo un kilo un litro un paquete	de [•••]

Ejemplo:
A: En mi tienda hay tres botellas de agua. ¿Cuántas hay en tu tienda?
B: En mi tienda hay dos botellas de agua.

A

B

83|9
83|10

b Haz la compra en el mercado. | Dein/e Mitschüler/in ist der / die Verkäufer/in.

Tu lista de la compra:

3 latas de tomate
1 kilo de plátanos
1/2 kilo de manzanas
1 piña

Hola, buenos días. Necesito [•••].
Quiero [•••]. Muy bien. ¿Y qué más?
[•••], por favor. No, es todo.
[•••] es muy caro/-a. [•••] son muy caros/-as.
¿Cuánto es? Son [•••] euros con [•••].
Aquí tiene. Gracias. Adiós.

9 Apuntad vuestras comidas favoritas en la pizarra y discutid: ¿qué es sano? Después preparad dos carteles:

Esta comida me gusta, pero no es sana	Esta comida me gusta y además es sana

B UNA FAMILIA TICA

2|32
2|33

Costa Rica es un país[1] bastante pequeño de Centroamérica con muchas playas y muchos parques nacionales. La gente[2] de Costa Rica se llama «tica» porque dice «tico» o «tica» al final de muchas palabras, por ejemplo, «pequeñitico». La capital es San José y está en el centro del país. Allí, en el barrio Amón, vive la familia Torres Marín. Los hijos se llaman Carlos (15), Laura (13) y Luis (11). Los padres tienen una pulpería. Así se llama una tienda pequeña en Costa Rica. Allí puedes comprar helados, chocolate, revistas, pan, muchas cosas para comer, bueno … ¡de todo!

Cuando los chicos vuelven del colegio, los Torres Marín cierran la pulpería una hora y comen juntos. Muchas veces hay «casado». Es un plato con arroz y frijoles –como siempre en Costa Rica– y también con carne, pollo[3] o pescado[4]. Para beber, casi siempre hay un «fresco». El fresco es un zumo de frutas con agua o con leche. Hay frescos de naranja, de piña y de muchas frutas más que hay en Costa Rica. A Laura y a sus hermanos les chifla[5] el casado con plátano maduro[6] y también el fresco de cas[7]. ¡Es muy dulce y muy rico! Hoy los chicos están muy contentos. Vuelven a casa y dejan su uniforme escolar en un rincón de la habitación (sí, ¡los chicos llevan uniforme en el colegio!), porque empiezan las vacaciones. En Costa Rica los chicos tienen clase desde febrero hasta diciembre y después llegan las vacaciones: ¡para celebrar la Navidad[8] y disfrutar del buen tiempo! Durante las vacaciones, Carlos, Laura y Luis salen con sus amigos, van al campo o a la playa con sus padres y a veces ayudan[9] un poco en la pulpería o en casa. A Carlos, por ejemplo, le gusta mucho preparar la comida para toda la familia.

Los ticos cenan temprano, a las seis o las siete, no a las diez o más tarde como en España. A veces hay una sopa o pan con jamón y queso o gallo pinto. ¡El gallo pinto es la comida favorita de los ticos!

Después de las clases, Carlos y sus amigos siempre van a la soda «Pura Vida» para tomar un fresco. En Costa Rica hay una soda casi en cada esquina. Es un restaurante pequeño y barato donde puedes comer algo, beber un fresco o comprar una cosa pequeña o dulce para comer en la calle. Y, como siempre, Carlos toma fresco de cas. ¡Es su favorito!

1 el país *Land* 2 la gente *Leute* 3 el pollo *Hühnchen* 4 el pescado *Fisch* 5 chiflar = gustar 6 el plátano maduro *Kochbanane* 7 el cas *Guave (Frucht)* 8 la Navidad *Weihnachten* 9 ayudar *helfen*

APRENDER MEJOR

Destreza
Einen längeren Text verstehst du leichter, wenn du die wichtigen Informationen (Wörter und Sätze) erkennst. Suche dann nur die Informationen, die zu diesen Schlüsselwörtern bzw. -sätzen passen.

84|1

1 Einen spanischen Text verstehen (II)

a **Formad cuatro grupos. Cada grupo elige un tema y prepara un mapa mental con la información que hay en el texto.**

1. el país Costa Rica
2. la familia Torres Marín
3. el colegio en Costa Rica
4. cosas típicas de Costa Rica

b **Cada grupo presenta en clase la información sobre su tema.**

RESUMEN DE GRAMÁTICA

GH 29|40 1 El futuro inmediato | Das unmittelbare Futur

Mañiana yo	**voy**	**a**	**hacer**	la lista de la compra.
Tú	**vas**	**a**	**preparar**	las cosas en la cocina.
Esteban	**va**	**a**	**comprar**	las frutas.
Nosotros	**vamos**	**a**	**organizar**	«el día de la comida sana».
¿Vosotros	**vais**	**a**	**ir**	a la piscina mañana?
Los chicos	**van**	**a**	**hacer**	los deberes juntos.

GH 29|41 2 El pronombre relativo que | Das Relativpronomen que

La chica **que** lleva un jersey azul se llama Ana.
Javi lee un libro **que** es muy interesante.

GH 30|42 3 Los determinantes mucho y poco | Die Begleiter mucho und poco

singular	much**o** poc**o**	azúcar	much**a** poc**a**	leche
plural	much**os** poc**os**	caramelos	much**as** poc**as**	galletas

Finde zu jedem Begleiter ein passendes Nomen.

GH 30|43 4 Cantidades | Mengenangaben

Esteban quiere	**un poco**	**de**	chocolate.
La madre necesita	**un paquete**	**de**	arroz.
Sarah quiere comprar	**una lata**	**de**	macedonia.
Javi compra	**una botella**	**de**	zumo.
Sólo hay	**medio litro**	**de**	leche.
Necesito	**un litro**	**de**	leche.
Para el pastel necesitamos	**cien gramos**	**de**	azúcar.
Elena compra	**medio kilo**	**de**	ciruelas,
	tres cuartos de kilo	**de**	peras y
	dos kilos	**de**	manzanas.

¡ANÍMATE!

1 a Erkläre einem Freund / einer Freundin: Wofür wirbt dieses Plakat?

b Eine spanische Jugendzeitschrift organisiert einen Ideenwettbewerb zum Thema: Zu Hause frühstücken ist besser! Sammelt eure Ideen und entwerft ein Plakat.

BALANCE 2

COMPRENSIÓN AUDITIVA

2|34

1 Escucha y contesta las preguntas.
Tipp: Konzentriere dich beim Hören auf die Informationen, die wichtig sind, um die Fragen zu beantworten.

1. ¿Qué hora es?
2. ¿De qué quiere hablar Rodolfo con los chicos?
3. ¿Qué problema tiene Simón?
4. ¿Qué puede hacer Simón?
5. ¿Qué problema tiene Sofía?
6. ¿Qué puede hacer Sofía?

COMPRENSIÓN LECTORA

2 a Mira los dibujos: ¿qué haces tú durante el día? | Vergleiche die Aktivitäten mit deinen.

1 IES (Instituto de Educación Secundaria) *etwa Mittel- und Oberstufe*

b Lee las frases. | Ordne die Sätze sinngemäß den Aussagen zu.

1. Es ist ungesund, zu viele Süßigkeiten zu essen.
2. Man sollte fünfmal am Tag essen.
3. Sport treiben ist gut für die Gesundheit.
4. Es ist wichtig, sich vielfältig und ausgeglichen zu ernähren.
5. Um gesund zu bleiben, sollte man viel Wasser trinken.
6. Man sollte täglich Obst und Gemüse essen.

c Trabaja con tu compañero. | Gib deinem/-r Klassenkameraden/-in fünf Anweisungen für eine gesunde Ernährung. ▸▸ Resumen 1, p. 60
Ejemplo:

¡Come poca carne!

EXPRESIÓN ORAL

3 a Describe a los chicos en la foto. Inventa: ¿cómo se llaman?, ¿cuántos años tienen?, ¿dónde viven?, etc. ¿Son hermanos, amigos o compañeros de colegio?
Ejemplo: La chica que lleva una camiseta roja, vaqueros y zapatillas blancas es Valentina. Tiene 12 años. Es de Barcelona, pero vive en Valencia. Es la amiga de la chica que lleva una camiseta amarilla.

b Elegid a dos chicos de la foto e inventad un diálogo. Luego presentad vuestro diálogo en clase. Elegid uno de los siguientes temas:

- hablar de los deberes para mañana
- quedar para ir al Museo del Juguete
- hablar de la ropa para la fiesta de cumpleaños

EXPRESIÓN ESCRITA

DELE **4** Mafalda y su hermano pequeño Guille están con su padre en la playa. Escribe la historia en tu cuaderno.

estar en la playa — *tomar* un helado — *llegar* un perro — *tener* miedo de — *buscar* a [...]

1 el salvavidas *Rettungsschwimmer*

MEDIACIÓN

5 Dein/e spanische/r Freund/in ist zu Besuch. Heute Morgen liegen drei Nachrichten von deinen Eltern in der Küche. Erkläre deinem/-r Freund/in, was auf ihnen steht.

Wir kommen um drei Uhr zurück. Tante Karin macht heute das Mittagessen. Bis dann!

Guten Morgen! Das Frühstück steht in der Küche: Es gibt Müsli, Brot, Käse und Orangensaft.

Wir kommen heute Abend um sechs Uhr nach Hause und gehen dann mit euch ins Kino in den Harry-Potter-Film.

VACACIONES DE VERANO

¡ACÉRCATE!

2|35
2|36

¿Cómo vas a pasar las vacaciones de verano? ¿No tienes ni idea? Aquí tenemos muchas actividades para ti:

el fútbol

el balonmano

el surf

el buceo

Para el cole

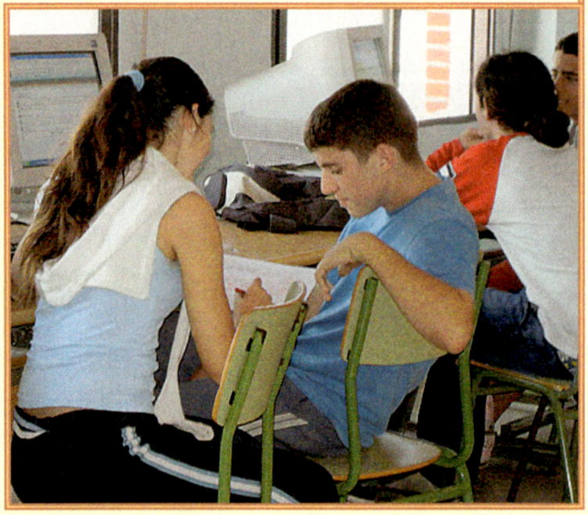

¿Tienes malas notas? Entonces aquí tenemos un curso para ti. Durante dos semanas de 10:00 a 13:00 tienes clases de Matemáticas, Ciencias de la Naturaleza, Inglés y más. ¿Te gustan los ordenadores? En este curso también aprendes a trabajar bien con tu ordenador, a jugar y a practicar deportes por internet como fútbol y tenis. ¡Aprende, juega y pásalo bien!
¿Para quién? Chicos de 12 a 16 años.
¿Cuándo y dónde? Las meses de julio y agosto, en el Centro 14, Alicante.

¡Que aproveche!

Preparamos pasteles, postres, platos con frutas y verduras. También preparamos desayunos nuevos y diferentes. ¡Apúntate y come bien!
¿Para quién? Chicos de 12 a 17 años.
¿Cuándo y dónde? Del 26 de junio al 13 de agosto, en el Centro 14, Alicante.

¡Al agua!

¿Todavía no sabéis nadar? ¡No importa! Aprended a nadar con nosotros: organizamos cursos en la playa del Postiguet. ¿Ya sabéis nadar? Entonces podéis practicar surf. También hay clases de buceo y tenéis mucho tiempo libre para jugar al voleibol en la playa.
¿Para quién? Chicos de 12 a 15 años.
¿Cuándo y dónde? De julio a agosto, en Alicante.

Campamento de verano

Nuestro campamento es la aventura que buscas este verano. Vives en grupos pequeños, cuidas el huerto y los animales que tenemos. También hay una piscina, puedes montar a caballo y hacer excursiones.
¿Eres muy activo/-a? Entonces puedes practicar deporte con tus compañeros y jugar al fútbol, al baloncesto, al tenis de mesa o al balonmano. ¡Organizamos competiciones y torneos!
¿Eres tranquilo/-a? Entonces seguro que nuestra sala de lectura es tu rincón favorito. Allí tenemos muchos libros interesantes y también hay una sala de ordenadores.
¿Para quién? Chicos de 12 a 16 años.
¿Cuándo y dónde? Julio y agosto, en Torrevieja.

Para viajar: aprende alemán en Berlín

¿Tienes entre 12 y 15 años y tienes ganas de aprender alemán? ¡Muy bien! Puedes vivir con una familia alemana o en un campamento con otros chicos y chicas. Tienes clases de alemán todos los días (desde 15 hasta 20 clases por semana), además organizamos muchas excursiones y actividades interesantes. Entonces:

Bis bald!

el voleibol

el tenis de mesa

el tenis

montar a caballo

el baloncesto

COMPRENDER

1 Mira el folleto[1] y elige una o dos actividades: ¿qué te gustaría hacer durante las vacaciones? ¿Por qué?

1 el folleto *Prospekt*

ESCUCHAR

2|37

2 Escucha y elige un curso para Andrés, Julia y Tomás.

PRACTICAR

3 a Completa con una forma del verbo jugar. Escribe el texto en tu cuaderno. ▸▸ Resumen 1, p. 130

Jorge: Hola, Pedro, ¿[•••] al baloncesto con nosotros?
Pedro: No, no tengo ganas. [•••] muy mal. Prefiero [•••] al tenis de mesa. Rafa [•••] conmigo. Pregunta a Marvi y a Antonio. Ellos [•••] muy bien.
Ana: Eh, Marvi, Antonio, ¿[•••] al baloncesto con nosotros?
Marvi y Antonio: Sí, claro. [•••] con vosotros.

jugamos
jugáis juega
juegas juegan
juego jugar

2|38

b Escucha y corrige tu texto.

4 a Javi presenta a los chicos de su clase. Forma ocho frases con las actividades.

1. Esteban
2. Yo
3. Ana y Julia
4. Nosotros
5. Tú
6. Pablo y Javi
7. Vosotras
8. Mariluz

jugar al
montar a
practicar

b Presenta a tres chicos de tu clase y habla también de ti. Ejemplos:

Selina juega al fútbol. Marvin y Tom practican surf y yo juego al voleibol.

Kathrin juega al voleibol. Clea no practica deporte, ella prefiere …

5 Mira el programa del campamento y contesta: ¿qué puedes hacer esta semana?

El [•••] de julio / agosto Del [•••] de julio / agosto al [•••] de julio / agosto	es el / la [•••]. hay un/a [•••]. puedo ir a / [•••].

Lunes	30/07	Competición de tenis de mesa Fiesta LAN en la sala de ordenadores
Martes	31/07	Introducción: ¿cómo cuidar a nuestros animales?
Miércoles	01/08	Torneo de baloncesto Excursión a caballo
Jueves	02/08	Torneo de baloncesto Feria del libro en la sala de lectura
Viernes	03/08	Feria del libro en la sala de lectura
Sábado	04/08	Feria del libro en la sala de lectura Fiesta de despedida
Domingo	05/08	Excursión al Parque Nacional Ordesa

OPCIÓN 1: ESTÁN HABLANDO TODOS A LA VEZ

2|39
2|40

Esteban está muy contento porque empiezan las vacaciones. Va a viajar con su madre y sus hermanas a Costa Rica y va a ver a José Enrique, su primo. Sólo su padre no puede ir con ellos porque en agosto Alicante está lleno de turistas y hay mucho trabajo en el hotel. Apenas tiene tiempo para llevar a la familia en coche al aeropuerto.

El viaje en avión de Alicante a San José dura casi diez horas y, para rematar, en San José … ¡claro! … está lloviendo. ¡En Costa Rica siempre llueve en agosto! Pero no importa, porque en el aeropuerto los abuelos están esperando a la familia de Alicante. Hay besos, abrazos y muchas preguntas. Mientras van en taxi a casa, están hablando todos a la vez. En casa, la familia quiere descansar un rato, pero no hay manera. Más familia, amigos y también los vecinos están esperando para saludar a «los españoles». Así que más besos, más abrazos y más preguntas. Pero Esteban no tiene ganas de hablar. Desde hace un rato está esperando cerca de la puerta de la casa. Mira a su madre que está hablando con sus abuelos y no hace caso a su hijo. Esteban abre la puerta para salir … De repente Paula dice: «Esteban, ¿adónde vas? Está lloviendo, ¡no puedes salir!»

Esteban: No te preocupes, Paula. Voy un rato a casa de José Enrique.

Paula: ¿Y cómo quieres ir? ¿En bici?

Esteban: No, voy a pie y no vuelvo tarde. ¡Hasta luego!

Un rato después, los dos primos están charlando del cole, de los profes, de los amigos aquí en San José y allí en Alicante. Esteban tiene un montón de fotos de sus amigos.

Esteban: Mira, aquí está Elena practicando baile español. Le gusta mucho bailar.

Y allí estamos jugando al fútbol. La chica que está metiendo un gol es Sarah, ¿ves? ¡Ella juega muy bien! Siempre jugamos juntos los domingos.

José Enrique: Y seguro que ella siempre gana, ¿no?

Esteban: Ja, ja … ¡Qué gracioso!

Esteban: Mira, ésta es nuestra clase. A la izquierda está Sarah y la chica con la camiseta blanca, a la derecha, es Elena.

José Enrique: Y tu amigo Javi, ¿dónde está? ¿Está tomando la foto?

Esteban: Pero, mira, está aquí, a mi derecha.

COMPRENDER

1 Completa las frases.

1. Esteban está muy contento porque [...].
2. Su padre no puede ir a Costa Rica porque [...].
3. Esteban, su madre y sus hermanas están cansados, pero [...].
4. Mientras habla con los abuelos, la madre [...].
5. Esteban tiene ganas de visitar a José Enrique, por eso [...].
6. Esteban [...] y Paula le dice: «Esteban, ¡no puedes salir!»

Vergiss nicht die Verben zu konjugieren!

abrir la puerta
empezar las vacaciones
no *hacer caso* a su hijo
no *poder* descansar
querer salir de casa
tener que trabajar en Alicante

DESCUBRIR

2 a Was drückt das gerundio aus? ▸▸ Resumen 2, p. 130

– Mira las fotos, José Enrique, aquí Elena **está practicando** baile español y aquí Sarah **está metiendo** un gol.

b Suche Beispiele im Text S.123: Wie wird das gerundio gebildet?

c Welche ähnliche Zeitform gibt es im Englischen?

PRACTICAR

2|41

3 Escucha y contesta como en el ejemplo: ¿qué están haciendo los chicos?

Creo que los chicos están tomando una foto.

aprender *hablar*
jugar *tomar*
meter *bailar*
escribir

4 a ¿Adónde va Esteban? Puedes utilizar:

en coche | en taxi | en bici

en avión | a pie

b Y tú, ¿cómo vas al colegio / al centro / a casa de tus amigos?

ACTIVIDADES

5 Trabajad en grupos. Cada grupo elige una situación. | Jede Gruppe stellt für die Situation typische Tätigkeiten dar. Die anderen raten, was die Schüler/innen gerade tun.

en una fiesta | en un partido de fútbol | en el recreo | en clase

Tim está comiendo un bocadillo.

OPCIÓN 2: SALUDOS DESDE …

2|42 Javi no sale casi nunca de vacaciones, pero no importa. A él le gusta mucho pasar el verano en Alicante: vienen sus primos de Asturias y pasan los días entre la playa y la heladería del barrio. Además, esta mañana ha recibido tres postales.

Hola, Javilín:
Hasta ahora la semana ha sido fenomenal: en Madrid he ido al parque de atracciones con mi padre y hemos subido a ¡¡¡la montaña rusa!!! ¡Mola mogollón! Desde hace dos días estamos cerca de Vigo en casa de mis tíos. A veces hablan gallego con mis primos y no comprendo nada, ¡es muy divertido! Ah, ahora vengo de la playa. Esta mañana he tenido clases: ha empezado el curso de surf y ya he aprendido a subir a la tabla. Muchos saludos desde Galicia y «ata loguiño» (= »hasta luego» en gallego ☺),
Elena

Hola, Javi: ¿Qué hay? Como siempre, aquí lo pasamos bomba, ¡pero llueve bastante! Esta semana hemos pasado unos días en la montaña. Allí no hay casi nadie, pero he visto muchos pájaros y monos. Y hoy en el mercado hemos visto a un chico con un loro que habla. ¡Ha dicho un montón de cosas!
Saludos, Esteban
Ah, la foto de la postal es del volcán Arenal. Es un volcán activo, ¡es muy bonito!
Hola Javi, ¿cuándo vienes a Costa Rica?
Saludos y hasta pronto, José Enrique

Hola, Javi:
¡Saludos desde Hamburgo! Aquí me lo paso genial, mi abuela prepara todos los días platos que me gustan. Esta semana ya hemos hecho una excursión al valle del Alster y hemos ido a Hagenbeck (un zoológico muy famoso). Hoy he estado en mi colegio y he charlado con mis compañeros de antes (porque aquí las clases ya han empezado). Han preguntado muchas cosas sobre Alicante y también sobre vosotros. Ah, ¿sabes algo de Elena? Todavía no me ha escrito.
Tschüss y muchos besos,
Sarah

Y vosotros, ¿qué habéis hecho estos días sin mí? ☺

COMPRENDER

1 **Contesta: ¿qué hacen Javi, Elena, Esteban y Sarah durante las vacaciones?**

viajar a [...]	*ir* al / a la [...]	*subir* al / a la [...]
escribir postales a [...]	*hacer* un curso de [...]	*pasar* los días en [...] / con [...]
hacer una excursión a [...]	*aprender* [...]	*recibir* postales de [...]
hablar con [...]	*contestar* las preguntas de [...]	[...]

DESCUBRIR

2 a **Auf was für eine Zeit bezieht sich der erste Satz?** ▸▸ Resumen 3, p. 130
Esta mañana Javi ha recibido una postal de Sarah. Ahora contesta a su amiga.

b **Sucht in den Postkarten weitere Beispiele für diese Zeitform und tragt sie in eine Tabelle ein. Wie wird diese Zeitform gebildet?** ▸▸ Resumen 3, p. 130

-ar	-er/-ir	unregelmäßige Formen
ha empezado	hemos subido	he visto

PRACTICAR

3 **Contesta y utiliza el pretérito perfecto:**
¿qué han hecho Javi, Esteban, Elena y Sarah estas vacaciones? ▸▸ Resumen 3, p. 130

ir a la montaña
ir a Vigo a casa de los tíos
ir a la heladería
ver muchos pájaros y monos
ir a casa de los abuelos
subir a la montaña rusa
tener clases de surf
ir a la playa con los primos
hacer una excursión al valle del Alster
ver a un chico con un loro que habla
ir al parque de atracciones
charlar con los compañeros de cole de antes
ir al parque zoológico Hagenbeck

4 **Elena está harta. Escribe las frases en presente en tu cuaderno.**

1. Hoy ha sido un día fatal.
2. He visto a Juan, pero no ha dicho nada.
3. No hemos hecho la excursión a Vigo.
4. Tampoco hemos ido a la playa porque llueve bastante.
5. Y, además, Sarah no me ha escrito.

5 a **Pregunta a tu compañero/-a: Y tú, ¿qué (no) has hecho hoy? Apunta sus respuestas.**

Hoy Esta mañana Hasta ahora no Todavía no	*ir* a [...] *desayunar* en casa *tener* clases de [...] *salir* de casa para ir al cole *practicar* [...] *charlar* en el recreo con [...] [...]

b **Presenta a tu compañero/-a: ¿qué (no) ha hecho hoy?**

Esta mañana, Kathrin ha desayunado cereales, fruta y leche. Ha salido de casa para venir al cole. [...]

6 Completa las frases y utiliza no … nada, no … nunca, no … nadie. ▸▸ Resumen 5, p. 130

1. En la plaza hay muchos chicos, pero en la clase [...] hay [...].
2. José apunta todo en clase, pero Alberto [...] apunta [...].
3. Por la tarde, Pepa siempre está sola, pero Patricia [...]está sola [...].
4. A Diego le gusta mucho la música de Shakira, pero a Enrique [...] le gusta [...].
5. Después de las clases, Esteban siempre llama a sus amigos, pero hoy [...] llama a [...].

ESCUCHAR

2|43

7 Escucha y apunta las formas del verbo venir. | Welche Form fehlt? ▸▸ Resumen 4, p. 130

VOCABULARIO

8 a Busca expresiones como me gusta mucho en el texto y completa el mapa mental en tu cuaderno.

P

b Utiliza las expresiones de **8a** y escribe una postal a Javi.

ACTIVIDADES

9 Jugad en grupos de 4 ó 5.

Spielregeln:
Ihr braucht einen Würfel pro Gruppe, pro Spieler ein Blatt Papier und einen Stift. Eine/r fängt an zu würfeln. Die Zahl gibt das Thema an, zu dem jede/r Spieler/in innerhalb von einer Minute so viele Wörter notiert, wie ihm einfallen.
Ein/e Spielleiter/in (Schüler/in oder Lehrer/in) stoppt die Zeit.
Das Spiel endet nach 3–4 Runden.
Wer die meisten (richtigen und passenden) Wörter aufgeschrieben hat, gewinnt.

⚀ el colegio	⚁ la comida	⚂ los animales
⚃ comodín[1]: tirar el dado otra vez	⚄ la familia	⚅ el deporte

1 el comodín *Joker*

OPCIÓN 3: UNA TORRE DE AMIGAS

1 En el campamento

2|44
2|45

Julia mira por la ventana de la cabaña. «Bueno, ya no soy una niña pequeña,» piensa ella, pero tiene ganas de llorar un poco. Desde hace tres días está en este campamento de verano donde va a pasar dos semanas ... dos semanas sin sus amigos, sus hermanos, sus padres y su perro. Es la primera vez que está lejos de casa, sola, y ¡la idea no le gusta nada! Además, en la cabaña hay cinco chicas y dos de ellas a Julia no le van nada. Una es Ceci, tiene 13 años, estudia en un colegio inglés y habla todo el día inglés: no dice *hola* sino *hello*, dice *thanks* en vez de *gracias* y con un acento que Julia no aguanta. «Esta chica es una pesada,» piensa Julia. Tampoco aguanta a la otra chica, a Laura: tiene casi 14 años, ya ha estado dos veces en el campamento y por eso va de jefecilla por ahí. Todo el día organiza cosas y da órdenes: «Date prisa … haz la cama … cierra la puerta.» Por eso para Julia es «Laura, la mandona.» Menos mal que las otras dos compañeras, Marce y Lina (que se llama Carolina), son muy majas. Marce es muy divertida, pero también bastante parlanchina. «Esta chica no pasa cinco minutos sin hablar,» piensa Julia. Lina es tranquila, ella está muy contenta en el campamento porque le gusta mucho el deporte y juega a todo con todos.
Julia abre las puertas de su armario y mira su ropa. ¿Qué puede llevar esta tarde? Porque esta tarde va a haber una fiesta en el campamento. ¡Qué aburrido! A Julia no le gustan las fiestas y dice a sus compañeras: «Esa fiesta es una bobada más del campamento.» Pero la verdad es que Julia es un poco tímida, piensa que su ropa no es *trendy* como la ropa de Ceci, y tampoco sabe bailar.

2 Una chica y una idea

Por la tarde las chicas lo pasan bomba en la fiesta. Bueno, Julia no. Ella está aburrida (y un poco nerviosa) en una esquina. Ahora, para rematar, van a hacer un juego que se llama: «Construye una torre alta». Los chicos de cada cabaña son un grupo (y Julia no tiene ganas de jugar con «esas bobas», como dice ella). Los chicos tienen que construir una torre con un montón de cosas: latas, paquetes, cartones, periódicos y muchas cosas más. El grupo con la torre más alta gana.
De repente, el juego empieza. A toda prisa los chicos toman muchas cosas para empezar a construir su torre. Las compañeras de Julia también. Marce y Lina toman muchas latas, pero no saben muy bien cómo hacer una torre con ellas. Ceci prefiere los paquetes de cereales y los cartones de leche, y las chicas hablan todas a la vez para discutir sus ideas. «Con latas, paquetes y cartones no vamos a ganar el juego,» piensa Julia. Mira los periódicos, mira a Laura y … ¡ya está! Laura con sus casi 14 años es muy alta y encima de una silla es todavía más alta. Con los periódicos las otras chicas pueden cubrir a su compañera y así van a tener la torre más alta.
«Laura no va a hacer nunca algo así,» piensa Julia, «no es *cool*.» Y seguro que Ceci va a decir: «*That's so silly.*» Sin embargo, la chica, llena de valor, cuenta su idea y todas estallan de risa. Laura, una torre … ¡pues sí, es la solución!
Para Laura la idea de Julia es súper divertida y para Ceci es *groovy*. Así que … ¡manos a la obra! En menos de media hora Ceci, Marce, Lina y Julia cubren a Laura con los periódicos y presentan su torre al grupo. Todos están perplejos. Las chicas ganan el juego, por supuesto. Ahora están muy orgullosas de Julia y ella está muy contenta con su idea. De repente, Julia piensa que Laura no es tan mandona y Ceci no es tan pesada … con o sin sus palabras en inglés.

COMPRENDER

1 **Lee el capítulo 1 y busca información sobre las chicas. Apunta todo en tu cuaderno.**

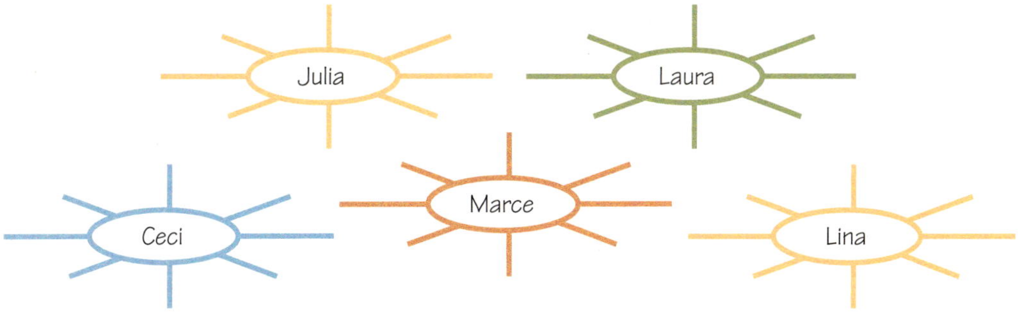

2 **Lee el capítulo 2 y corrige las frases que son falsas.**

1. Julia no va a la fiesta porque está cansada.
2. Primero, a Julia no le gusta el juego de la fiesta.
3. Primero, para Julia, las chicas son bobas.
4. Los chicos tienen que subir a una torre.
5. Las chicas no tienen ganas de discutir sus ideas.
6. Laura tiene 14 años, pero es bastante pequeña.
7. Por eso, Laura tiene que subir a una silla.
8. Las chicas no están de acuerdo con la idea de Julia.
9. Laura y Ceci cubren a Julia con los periódicos.

3 a **Ordena las frases. Las letras forman una palabra.**

[n] Laura es alta y encima de una silla es todavía más alta.
[a] Tiene ganas de llorar. Está lejos de casa.
[e] Julia mira a Laura y tiene una idea.
[m] Vive en una cabaña con Laura, Ceci, Marce y Lina.
[o] Las chicas están muy orgullosas de Julia y ella está muy contenta.
[c] Julia está en un campamento de verano.
[p] No aguanta a dos de ellas.
[m] Los chicos tienen que construir una torre.
[a] Hay fiesta en el campamento.
[t] Las chicas cubren a Laura con periódicos y ganan el juego.

b **Utiliza las frases de 3a para escribir un resumen del texto en tu cuaderno. Utiliza también:**

desde hace tres días
al final
de repente
en la fiesta
porque
entonces

RESUMEN DE GRAMÁTICA

¡ACÉRCATE!

GH 31|44 **1** **El verbo jugar | Das Verb jugar**

En el polideportivo	**jue**go	al baloncesto.
Pedro, ¡	**jue**gas	muy bien!
Clara siempre	**jue**ga	con sus amigas.
Por la tarde	jugamos	en la plaza.
¿Por qué no	jugáis	con nosotros?
Los alumnos	**jue**gan	al voleibol.

OPCIÓN 1

GH 31|45 **2** **Estar + gerundio | Die Verlaufsform**

Ahora	estoy	habl**ando**	con Pedro.
Y tú, ¿qué	estás	hac**iendo**	?
Sarah	está	escrib**iendo**	un e-mail.
Ahora	estamos	mir**ando**	la tele.
¿A quién	estáis	esper**ando**	?
Todos	están	habl**ando**	a la vez.

OPCIÓN 2

GH 32|46 **3** **El pretérito perfecto | Das Perfekt**

Hoy	he	
Esta mañana	has	estudi**ado** mucho.
Estos días	ha	aprend**ido** a nadar.
Hasta ahora	hemos	recib**ido** dos postales.
Ya	habéis	
Todavía no	han	

ir	Esta mañana hemos **ido** al cine.
ver	Todavía no he **visto** a Sarah.
decir	Elena todavía no ha **dicho** nada.
hacer	¿Ya habéis **hecho** los deberes?
escribir	Esteban ya ha **escrito** la postal.

Bilde das Partizip Perfekt von drei weiteren Verben auf -ar, -er und -ir.

GH 32|47 **4** **El verbo venir | Das Verb venir**

Yo	**vengo**	del cole.
¿De dónde	**vienes**?	
Javi	**viene**	hoy.
Hoy	venimos	todos juntos.
¿Por qué no	venís	también al polideportivo?
Los chicos no	**vienen**.	

GH 33|48 **5** **La negación | Die Verneinung**

Yo	**no**	salgo	**nunca** de vacaciones.
Aquí	**no**	hay	**nadie**.
Javi	**no**	ve	**nada**.

Bilde je einen Beispielsatz für no … nunca, no … nadie, no … nada.

ANEXO

EL ALFABETO | Das Alfabet

a	[ɑ]	e	[e]	j	[xota]	n	[ene]	r	[erre]	w	[uβe doble]
b	[be]	f	[efe]	k	[ka]	ñ	[eɲe]	s	[ese]	x	[ekis]
c	[θe]	g	[xe]	l	[ele]	o	[o]	t	[te]	y	[iɣrjeɣa]
ch	[tʃe]	h	[atʃe]	ll	[eʎe]	p	[pe]	u	[u]	z	[θeta]
d	[de]	i	[i]	m	[eme]	q	[ku]	v	[uβe]		

LOS SIGNOS DE PUNTUACIÓN | Die Zeichen im Satz

LA MAYÚSCULA

Esta noche hay una fiesta en el Barrio San Blas. Elena lee un e**-**mail
de los chicos con una idea genial**:** quieren llevar ropa original
y divertida.
Sarah lleva unas gafas de sol muy grandes y muy **«**monas**»**,
como dice ella. Javi **…** pues Javi lleva ropa negra. **¡**Mola mucho**! –**
dicen Sarah y Esteban. Elena quiere llevar una falda verde**,** una
gorra verde y unas zapatillas verdes **(**a ella le gusta mucho
el color verde**);** pero no sabe dónde está la falda.
«**¿**Qué hago**?**», piensa Elena. Su madre, que está en el baño,
tampoco sabe**.**

los puntos suspensivos
la minúscula
el punto y coma
los signos de interrogación
el punto

el guión
los dos puntos
las comillas
los signos de exclamación
el guión largo
la coma
los paréntesis
el acento ortográfico o la tilde
la tilde

LA PRONUNCIACIÓN | Die Aussprache

Las consonantes | Die Konsonanten

[β] a**v**enida, ha**b**itación
[b] **v**isitar, **b**eber, **b**ocadillo
[θ] **c**enar, **z**apato, **c**iudad, lápi**z**
[tʃ] mu**ch**o
[d] **d**anza, **d**eporte
[ð] cua**d**erno, estu**d**iar, ma**d**re
[f] pro**f**esor, **f**oto
[x] cole**g**io, torri**j**a
[g] **g**ato, **g**oma
[ɣ] re**g**alo, tortu**g**a
[j] desa**y**uno
[ʎ] zapati**ll**a, si**ll**ón
[k] **k**ilo, **c**onejo
[l] **l**ibro, **l**echuga
[m] plu**m**a, **m**ochila
[n] macedo**n**ia, pláta**n**o
[n̥] pregu**n**ta, ce**n**tro
[ɲ] pi**ñ**ata, ni**ñ**o
[p] **p**izarra, **p**ollito
[r] pe**r**o
[rr] ba**rr**io, a**rr**oz, **r**incón
[s] ca**s**tillo, **s**illa
[t] cua**t**ro, puer**t**a
[(k)s] e**x**amen

Las vocales | Die Vokale

[a] p**a**n
[e] **e**mp**e**zar
[i] b**i**c**i**cleta, mu**y**
[o] car**o**
[u] z**u**mo

Der Vokal **-u-** wird nicht gesprochen nach **q** sowie zwischen **g** und **e** bzw. **i**: **qu**e, **qu**ien, **gu**itarra, ju**gu**ete

Los diptongos | Die Gleitlaute

[ei] vol**ei**bol
[eu] **eu**ro
[ai] b**ai**le
[au] rest**au**rante
[oi] v**oy**
[j] b**i**en, Aleman**i**a, barr**i**o, c**i**udad
[w] ag**u**a, j**u**eves, antig**u**o, c**u**idado

LOS DÍAS DE LA SEMANA | Die Wochentage

el lunes
el martes
el miércoles
el jueves
el viernes
el sábado
el domingo

LOS MESES DEL AÑO | Die Monate des Jahres

enero
febrero
marzo
abril
mayo
junio
julio
agosto
septiembre
octubre
noviembre
diciembre

EL ESPAÑOL EN LA CLASE | Spanisch im Unterricht

Hilfe erbitten / anbieten:

¿Puedo ayudarte?	Kann ich dir helfen?
¿Puedes ayudarme?	Kannst du mir helfen?
Tengo problemas con [...]. ¿Qué puedo hacer?	Ich habe Probleme mit [...], was soll ich tun?
¿Tienes un boli / lápiz?	Hast du einen Kuli / Bleistift?

Um Wiederholung bitten:

Perdón, ¿puede hablar más despacio, por favor?	Entschuldigung, können Sie bitte langsamer sprechen?
Perdón, (yo) no lo entiendo.	Entschuldigung, ich verstehe das nicht.
¿Puede explicarlo otra vez?	Können Sie das noch einmal erklären?
¿Puede repetirlo otra vez, por favor?	Können Sie das bitte wiederholen?

Um Hinweise oder Erklärungen bitten:

¿Cuánto tiempo tenemos?	Wie viel Zeit haben wir?
Tengo una pregunta.	Ich habe (noch) eine Frage.
¿Puede explicar [...]?	Können Sie [...] erklären?
(Yo) no he entendido el / los ejercicio/s.	Ich habe die Aufgabe/n nicht verstanden.
No entiendo la palabra / frase «[...]».	Ich verstehe das Wort / den Satz „[...]" nicht.
¿Cómo se dice «[...]» en alemán / en español?	Was heißt „[...]" auf Deutsch / auf Spanisch?
¿Se puede decir también «[...]» ?	Kann man auch „[...]" sagen?
¿Qué significa / quiere decir «[...]»?	Was bedeutet „[...]"?
¿Cómo se pronuncia «[...]»?	Wie spricht man „[...]" aus?
¿Cómo se llama esto en español?	Wie heißt das auf Spanisch?
¿Qué?	Was?
¿Cómo?	Wie bitte?
¿Puede poner un ejemplo, por favor?	Können Sie bitte ein Beispiel nennen?
¿Cómo se escribe «[...]»?	Wie schreibt man „[...]"?
¿Se escribe «[...]» con / sin «s»?	Schreibt man „[...]" mit / ohne „s"?
¿Qué es eso?	Was ist das?
¿En qué página está?	Auf welcher Seite steht das?
¿Es correcto / incorrecto?	Ist das richtig / falsch?

Vorschläge erbitten / machen:

¿Sigo?	Soll ich weitermachen?
¿Qué hacemos ahora?	Was machen wir jetzt?
Empezamos desde el principio.	Wir fangen von vorne an.
Ahora te toca a ti. Después le toca a él / ella.	Jetzt bist du dran. Danach ist er / sie dran.
Leed el texto por turno / haciendo cada uno un papel.	Lest den Text abwechselnd / mit verteilten Rollen.

Sich entschuldigen:

Lo siento, no lo he hecho a propósito.	Tut mir leid, das habe ich nicht mit Absicht getan.
Lo siento, (no) es culpa mía.	Tut mir leid, das ist (nicht) meine Schuld.

INDICACIONES PARA LOS EJERCICIOS | Übungsanweisungen

A jugar.	Spielt.
Apunta en tu cuaderno / en tarjetas / en la pizarra.	Notiere in dein Heft / auf Karteikarten / an der Tafel.
Apunta las palabras / las frases / la solución.	Notiere die Wörter / die Sätze/ die Lösung.
Busca en el plano / en el mapa.	Suche auf dem Stadtplan / auf der Karte.
Busca información / las parejas.	Suche die Information / die Paare.
Cierra el libro.	Schließe dein Buch.
Combina.	Verbinde.
Compara.	Vergleiche.
Completa (con una forma de [...]).	Ergänze (mit einer Form von [...]).
Completa los diálogos / las preguntas / el cuadro.	Ergänze die Dialoge / die Fragen / das Schema.
Contesta (las preguntas).	Antworte (auf die Fragen).
Corrige (las frases).	Korrigiere (die Sätze).
Deletrea una palabra.	Buchstabiere ein Wort.
Describe [...].	Beschreibe [...].
Descubre el intruso.	Finde das Wort, das nicht passt.
Dibuja.	Zeichne.
Discutid.	Diskutiert.
Elige [...].	Wähle [...] aus.
Escribe las frases / las palabras.	Schreibe die Sätze / die Wörter.
Escucha (otra vez).	Höre (noch einmal) zu.
Escucha el poema / la canción / el trabalenguas.	Höre das Gedicht / das Lied / den Zungenbrecher.
Explica (en alemán).	Erkläre (auf deutsch).
Forma frases / parejas.	Bilde Sätze / Paare.
Formula las preguntas / las respuestas / adivinanzas.	Formuliere die Fragen / die Antworten / Rätsel.
Imagina (diálogos).	Denke dir (Dialoge) aus.
Interpretad el dialogo / la escena.	Spielt den Dialog / die Szene.
Inventa [...].	Erfinde [...].
Jugad a dos / a tres con un dado.	Spielt zu zweit / zu dritt mit einem Würfel.
Lee las frases / el poema / el texto / el cómic.	Lies die Sätze / das Gedicht / den Text / den Comic.
Mira el dibujo / las fotos.	Schau dir die Zeichnung / die Fotos an.
Ordena [...].	Bringe [...] in die richtige Reihenfolge.
Por ejemplo.	Zum Beispiel.
Pregunta a tu compañero/-a.	Frage deine/n Mitschüler/in.
Pregunta y contesta.	Frage und antworte.
Preparad un diálogo / un ejercicio.	Bereitet einen Dialog / eine Übung vor.
Presenta [...].	Stelle [...] vor.
Relaciona.	Verbinde.
Repite.	Wiederhole.
Trabajad en grupos.	Arbeitet in Gruppen.
Utiliza.	Verwende.

LOS NÚMEROS EN ESPAÑOL | Die spanischen Zahlen

0	cero
1	uno, una, un
2	dos
3	tres
4	cuatro
5	cinco
6	seis
7	siete
8	ocho
9	nueve
10	diez
11	once
12	doce
13	trece
14	catorce
15	quince
16	dieciséis
17	diecisiete
18	dieciocho
19	diecinueve
20	veinte
21	veintiuno/-a, -ún
22	veintidós
23	veintitrés
26	veintiséis
30	treinta
31	treinta y uno/-a, y un
32	treinta y dos
33	treinta y tres
40	cuarenta
50	cincuenta
60	**ses**enta
70	**set**enta
80	ochenta
90	**no**venta
100	ciento, cien

DIE VERBEN | Los verbos

Hier findest du die Konjugationen oder Konjugationsmuster aller Verben, die du in ¡Apúnate! 1 gelernt hast.

1 Die Hilfsverben | Los verbos auxiliares

infinitivo	**ser**	**estar**	**haber**
presente	**soy**	**estoy**	**he**
	eres	est**ás**	**has**
	es	est**á**	**ha** — **hay**
	somos	est**amos**	**hemos**
	sois	est**áis**	habéis
	son	est**án**	**han**
imperativo	**sé**, **sed**	est**á**, est**ad**	
gerundio	**siendo**	est**ando**	**habiendo**
participio	**sido**	est**ado**	hab**ido**

2 Die regelmäßigen Verben auf -ar/-er/-ir | Los verbos regulares en -ar/-er/-ir

infinitivo	**charlar**	**comer**	**vivir**
presente	charl**o**	com**o**	viv**o**
	charl**as**	com**es**	viv**es**
	charl**a**	com**e**	viv**e**
	charl**amos**	com**emos**	viv**imos**
	charl**áis**	com**éis**	viv**ís**
	charl**an**	com**en**	viv**en**
imperativo	charl**a**, charl**ad**	com**e**, com**ed**	viv**e**, viv**id**
gerundio	charl**ando**	com**iendo**	viv**iendo**
participio	charl**ado**	com**ido**	viv**ido**

! **creer:**
gerundio: cre**y**endo

! **leer:**
gerundio: le**y**endo

! **salir:**
presente: sal**g**o, sales
imperativo: **sal**

! **abrir:**
participio: **abierto**

! **escribir:**
participio: **escrito**

! **descubrir:**
participio: **descubierto**

3 Die Gruppenverben | Los grupos de verbos

3.1 Verbos con diptongación: e → ie

infinitivo	**pensar**	**querer**
presente	p**ie**nso p**ie**nsas p**ie**nsa pensamos pensáis p**ie**nsan	qu**ie**ro qu**ie**res qu**ie**re queremos queréis qu**ie**ren
imperativo	p**ie**nsa, pensad	qu**ie**re, quered
gerundio	pensando	queriendo
participio	pensado	querido
	ebenso: **cerrar, empezar**	*ebenso:* ! **tener:** presente: **tengo**, t**ie**nes Imperativo: **ten** **preferir**

3.2 Verbos con diptongación: o → ue

3.3 El verbo jugar: u → ue

infinitivo	**encontrar**	**volver**	**jugar**
presente	enc**ue**ntro enc**ue**ntras enc**ue**ntra encontramos encontráis enc**ue**ntran	v**ue**lvo v**ue**lves v**ue**lve volvemos volvéis v**ue**lven	j**ue**go j**ue**gas j**ue**ga jugamos jugáis j**ue**gan
imperativo	enc**ue**ntra, encontrad	v**ue**lve, volved	j**ue**ga, jugad
gerundio	encontrando	volviendo	jugando
participio	encontrado	v**ue**lto	jugado
	ebenso: **contar**	*ebenso:* **poder**	

4 Die unregelmäßigen Verben | Los verbos irregulares

infinitivo	decir	hacer	ir
presente	**digo**	**hago**	**voy**
	d**i**ces	haces	**vas**
	d**i**ce	hace	**va**
	decimos	hacemos	**vamos**
	decís	hacéis	**vais**
	d**i**cen	hacen	**van**
imperativo	d**i,** decid	**haz**, haced	**ve, id**
gerundio	d**i**ciendo	haciendo	**yendo**
participio	**dicho**	**hecho**	**ido**

infinitivo	saber	venir	ver
presente	**sé**	**vengo**	veo
	sabes	**vienes**	**ves**
	sabe	**viene**	**ve**
	sabemos	venimos	**vemos**
	sabéis	venís	**veis**
	saben	**vienen**	**ven**
imperativo	sabe, sabed	ven, venid	ve, ved
gerundio	sabiendo	v**i**niendo	v**ie**ndo
participio	sabido	venido	visto

PEQUEÑO DICCIONARIO DE CULTURA Y CIVILIZACIÓN

Kleines landeskundliches Wörterbuch

Alicante *320 000 Einwohner*
Spanische Hafenstadt an der *Costa Blanca* (Weiße Küste). Amtssprachen sind Spanisch und Valencianisch, beide werden auch in der Schule unterrichtet. Zu den wichtigsten Wirtschaftszweigen von Alicante gehören der Weinbau und der Tourismus. **U1** / Ac.

Alicante Club de Fútbol

Berühmter, im Jahre 1918 gegründeter Fußballklub aus Alicante mit den Klubfarben blau-weiß. Die Spiele des Klubs finden häufig im bekannten Stadion José Rico Pérez statt. **U7** / ¡Anímate!

Asturias

Autonome Region im Nordosten Spaniens. Hauptstadt und gleichzeitig politisches Zentrum ist Oviedo mit rund 210 000 Einwohnern. Die sehr grüne Landschaft Asturiens ist von Naturräumen wie Hochgebirge und Küstenregionen geprägt. **U11** / Op.2

Baile español
Zu den bekanntesten spanischen Tänzen gehören der *Flamenco*, der *Bolero* sowie der *Tango andaluz*. Der *Bolero* als spanischer Nationaltanz entwickelte sich aus der *Sevillana* und wird von zwei Personen mit Kastagnetten getanzt sowie meist instrumental begleitet. **U2** / A

Barrio San Blas (Alicante)
Altes Stadtviertel in Alicante mit eigener Tradition. Sehr beliebt ist das traditionelle Fest der *Moros y Cristianos*, das in Gedenken an die Kämpfe der *Reconquista* (Zurückeroberung der iberischen Halbinsel) alljährlich begangen wird. **U2** / A

Bogotá *ca. 7 Mio. Einwohner*
Hauptstadt Kolumbiens, deren vollständiger Name *Santa Fe de Bogotá* ist. Das Wort *Bogotá* stammt aus dem indianischen Wort *bacatá*, das „Raum für die gemeinschaftliche Arbeit" bedeutet. Bogotá ist eine der am schnellsten wachsenden Städte Südamerikas. **U7** / Ac.

Buenos Aires *ca. 2,7 Mio. Einwohner*
Hauptstadt sowie kommerzielles und industrielles Zentrum von Argentinien. Buenos Aires liegt an der atlantischen Küste am *Río de la Plata*. Wegen der zahlreichen Theater (mehr als 170), Museen und Verlagshäuser zählt die Stadt zu den kulturellen Zentren Lateinamerikas. Im Großraum Buenos Aires (Gran Buenos Aires) leben ca. 12 Mio. Menschen. **U7** / Ac.

Castillo Santa Bárbara (Alicante)
Eine der größten Burgen der Mittelmeerregion und Wahrzeichen von Alicante. Das *Castillo de Santa Bárbara* liegt auf dem 166 Meter hohen Berg *Monte Benacantil*. Aufgrund ihrer günstigen Lage mit weitem Blick über die gesamte Bucht von Alicante zählt die Burg zu den beliebtesten Ausflugszielen der Stadt. **U2** / Ac.

Costa Rica *4,3 Mio. Einwohner*
Mittelamerikanisches Land mit der Hauptstadt *San José*. Amtssprache ist Spanisch. Costa Rica grenzt an Nikaragua und Panama sowie an die Karibik und den Pazifik. Im Land herrscht tropisches Klima, gekennzeichnet durch ganzjährige warme Temperaturen sowie einer Regen- und Trockenzeit. In Costa Rica gibt es noch sehr aktive Vulkane, wie der *Arenal*. Höchster Berg ist der *Chirripó Grande* (3 820 Meter). **U1** / Ac.

Enrique Iglesias *(geb. 1975)*
Spanischer Popsänger, geboren in Madrid. Sein Vater ist der Sänger Julio Iglesias. Der weltweite Durchbruch gelang ihm 1999 mit dem Lied *Bailamos*.

Estadio de Alicante (José Rico Pérez)

Stadion in Alicante mit 29 500 Zuschauerplätzen. Austragungsort für die Fußballspiele der bekannten Vereine Hércules C. F. und Alicante C. F. **U2** / A

Fernando Alonso *(geb. 1981)*
Spanischer Formel-1-Rennfahrer, in Oviedo geboren. Fernando Alonso ist der jüngste Weltmeister (mit 24 Jahren) und der erste spanische Weltmeister in der Geschichte der Formel 1.

Galicia / Vigo

Autonome Region im Nordwesten Spaniens. Offizielle Amtssprache ist das *gallego*. Zu den wichtigsten Städten von *Galicia* gehört die Hafenstadt Vigo. Sie hat sich zu einem bedeutenden Handelspunkt für die Fischereiindustrie entwickelt und zählt heute zu den Hauptlieferanten für Meeresfrüchte in alle Welt.
U11 / Op.2

Gallego
Neben der spanischen Sprache seit 1982 offizielle Amtssprache der spanischen autonomen Region *Galicia*. Das Galicische weist große Ähnlichkeit mit der portugiesischen Sprache auf. Zur Zeit des Franco-Regimes war die Verwendung des *gallego* verboten. Erst nach dem Tod Francos 1975 wurde es wieder als eigenständige Sprache anerkannt. Heute wird es von ca. 2,4 Mio. Menschen gesprochen. **U11** / Op.2

Jennifer López *(geb. 1969)*
Amerikanische Sängerin, Tänzerin und Schauspielerin. Jennifer López wurde als Kind puerto-ricanischer Immigranten in New York City geboren und wuchs dort auf. Nach ersten Auftritten als Tänzerin und zahlreichen Filmrollen als Neben- und Hauptdarstellerin konzentriert sich Jennifer López vor allem auf ihre Musikkarriere. Mit ihrem Anfang 2007 erschienenen ersten spanischsprachigen Album *Como ama una mujer* erlangte sie großen Erfolg. **U9** / A

Juanes *(geb. 1972)*
Kolumbianischer Popsänger, geboren in Medellín. Sein vollständiger Name ist Juan Esteban Aristizábal Vázquez. Der Künstlername «Juanes» setzt sich aus seinem ersten Vornamen und der ersten Silbe seines zweiten Vornamens zusammen. Im deutschsprachigen Raum wurde er 2005 mit dem Hit *La camisa negra* bekannt.

Madrid *(3,2 Mio., mit Umgebung 5,2 Mio. Einwohner)*

Seit 1561 Hauptstadt Spaniens mit Sitz aller wichtigen nationalen Behörden. Gilt als Wirtschafts- und Kunstzentrum des Landes. Neben vielen berühmten Museen *(Museo del Prado)* und kulturellen Einrichtungen gibt es auch viele Freizeitattraktionen wie den *Parque de atracciones*. Der Park liegt unweit vom Stadtzentrum und bietet zahlreiche Attraktionen wie hängende Achterbahnen, Wasserrutschen, Autoscooter oder Bootsfahrten durch den Urwald.
U11 / Op.2

Mortadelo y Filemón

Mortadelo und *Filemón* sind die Hauptfiguren einer spanischen Comic-Serie. Seit 1958 besteht das Agentenpaar haarsträubende Abenteuer, die zum Teil auch verfilmt wurden, wie zum Beispiel *La gran aventura de Mortadelo y Filemón*.
U7 / A

Museo del Juguete (Alicante)
Ursprünglich im Jahre 1905 von einer Handwerkerfamilie gegründete Fabrik in Alicante zur Herstellung von Blechspielzeug, die 1984 in ein Museum umgewandelt wurde. Mehr als 400 Ausstellungsstücke erzählen die Geschichte des Blechspielzeugs. Die Miniaturgegenstände reichen von Spieluhren, Drehkreiseln und Pferdekutschen über Minieisenbahnen und -automobile. **U7** / A

Paseo de la Explanada de España (Alicante)
Sehr schöne Strandpromenade in Alicante, aus vielen Millionen Mosaiksteinchen bestehend, die das Bild von Meereswellen darstellen. Die Promenade ist ein beliebter Anziehungspunkt der Einheimischen für Spaziergänge und abendliche Konzerte. **U2** / Ac.

Playa del Postiguet (Alicante)
Sehr langer Strand im Herzen von Alicante. Auf Grund seines feinen weißen Sandes und zahlreicher Cafés beliebter Treffpunkt der Einheimischen an heißen Sommertagen. **U2** / Ac.

Raúl *(geb. 1977)*
Spanischer Fußballspieler, in Madrid geboren. Sein vollständiger Name lautet Raúl González Blanco. Raúl spielt seit 1994 im Fußballclub Real Madrid und zählt als Stürmer zu den weltbesten Spielern. Außerdem gilt er als Rekordtorschütze. Bei der 18. Fußballweltmeisterschaft in Deutschland 2006 erzielte er ein Tor. **U9** / A

Safari Aitana
Erlebnis-Tierpark in der Provinz Alicante. Auf einer Gesamtfläche von 1 500 000 m^2 können die Besucher viele Tiere wie Giraffen, Nilpferde und Elefanten in ihrem natürlichen Lebensraum beobachten und kennen lernen, da sie sich in freien Wildgehegen bewegen. **U6** / B

San José *340 000 Einwohner*

Hauptstadt von Costa Rica. San José liegt im zentralen Hochland in einer Höhe von 1 160 Metern und ist von Bergen und Vulkanen umgeben. Es herrschen ganzjährig fast immer konstante Temperaturen von 20° C. Die Stadt ist Sitz der Regierung sowie Wirtschafts- und Kulturzentrum des Landes. **U1** / Ac.

Santiago de Chile *5.7 Mio. Einwohner*
Hauptstadt Chiles sowie politisches, wirtschaftliches und kulturelles Zentrum des Landes. Santiago de Chile liegt am Fluss *Río Mapocho* in einem Talkessel. Auf Grund dieser Lage hat es seit Jahren mit großen Umweltproblemen, vor allem mit der Luftverschmutzung durch hohe Auto- und Industrieabgase zu kämpfen. **U1** / Ac.

Shakira *(geb. 1977)*
In Kolumbien geborene Pop- und Rock-Sängerin. Shakira wurde im Alter von 13 Jahren von der Musikszene entdeckt und veröffentlichte mit 14 Jahren ihr erstes Album. Mit ihren zunächst nur spanischsprachigen Alben wie *Pies descalzos* und *Estoy aquí* hatte sie großen Erfolg im spanischen und lateinamerikanischen Raum. Seit 2001 veröffentlicht sie englischsprachige Titel und wurde damit auch international bekannt. Neben ihrer Musikkarriere engagiert sich Shakira sozial für Straßenkinder in Kolumbien. **U9** / A

Volcán Arenal
Der Vulkan *Arenal* in Costa Rica befindet sich im 1991 gegründeten Nationalpark *Arenal*. Er ist 1 633 Meter hoch und zählt zu den aktivsten Vulkanen der Welt. Noch heute schleudert er regelmäßig Rauch- und Aschewolken bis zu 300 Meter hoch in den Himmel. Glühende Lavaströme rollen den Berg hinunter, ein Schauspiel, das besonders nachts sehr gut zu beobachten ist. Sein letzter Ausbruch war 1968. **U11** / Op.2

Zipi y Zape
Zipi und *Zape* gehören zu den bekanntesten Figuren des spanischen Comics. Ihr Erfinder ist der bereits verstorbene Comicautor José Escobar.

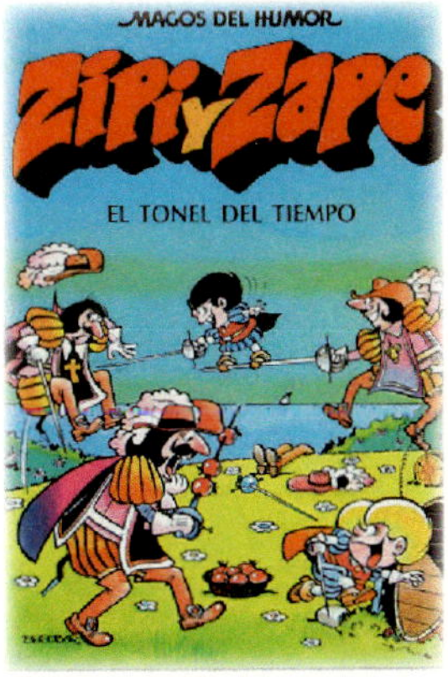

Die Zwillingsbrüder *Zipi* und *Zape* verbringen ihre Zeit mit kleinen Streichen und Dummheiten. Damit machen sie ihrem Namen alle Ehre, denn zusammengesetzt bedeutet *zipizape* soviel wie „Radau" oder „Lärm". **U5** / A

LISTA CRONOLÓGICA

Symbole und Abkürzungen

~ bezeichnet die Lücke, in die das neue Wort einzusetzen ist.
= bezeichnet Wörter und Wendungen mit gleicher oder ähnlicher Bedeutung.
≠ bezeichnet Wörter und Wendungen mit gegensätzlicher Bedeutung.
1 bezeichnet ein Wort, das angeglichen werden muss. Die richtige Form steht am Ende des Kapitels.
👁 bezeichnet eine sprachliche Besonderheit, auf die du aufpassen musst.

Grundschrift = obligatorischer Wortschatz

adj.:	adjetivo, Adjektiv
f.:	femenino, Femininum
inf.:	infinitivo, Infinitiv
ing.:	inglés, englisch
m.:	masculino, Maskulinum

kursiv = fakultativer Wortschatz

n.:	neutro, Neutrum
pl.:	plural, Plural
sg.:	*singular,* Singular
sust.	sustantivo, Substantiv
fam.:	familiar, umgangssprachlich

¡HOLA!

¡Hola!	Hallo!	
¡Buenos días!	Guten Morgen!, Guten Tag!	– Hola, Sarah. – ¡~!
¿Qué tal?	Wie geht's?	– Hola, Esteban, ¿~?
Muy bien.	Sehr gut.	
muy	sehr	
bien	gut	
¿Y tú?	Und du / dir?	
y	und	
tú	du	
Me llamo […].	Ich heiße […].	– Hola, ~ Sarah.
¿Cómo te llamas?	Wie heißt du?	– ¿~? – Me llamo Elena.
¿cómo?	wie?	
¡Adiós!	Auf Wiedersehen!	≠ Hola, buenos días
¡Hasta mañana!	Bis morgen!	
hasta	bis	
mañana	morgen	
¡Hasta luego!	Bis dann! Bis nachher!	
luego	dann, nachher, danach	
en la clase	im Klassenzimmer, im Unterricht	
en	in, auf, an	
la clase	das Klassenzimmer, der Unterricht, die Unterrichtsstunde, die Klasse	***ing.:*** class, classroom
¡Buenos días, chicos!	Guten Morgen, Kinder!	
el chico	der Junge	
la chica	das Mädchen	

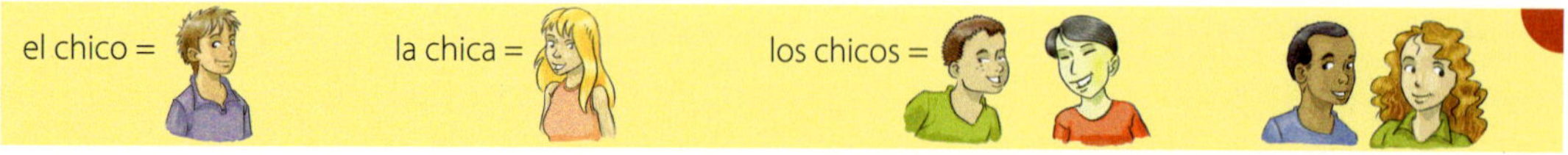

¡HOLA! el / la	der / die	
la ventana	das Fenster	
la pizarra	die Tafel	
la carpeta	die Mappe	
el / la alumno/-a	der / die Schüler/in	
la silla	der Stuhl	
la mesa	der Tisch	
la puerta	die Tür	
el / la profesor/a	der / die Lehrer/in	
la tiza	die Kreide	
la pared	die Wand	
el estuche	das Mäppchen	
el libro (de español)	das (Spanisch-)Buch	
el libro	das Buch	
el español	Spanisch *Sprache*	
el cuaderno	das Heft	
la mochila	der Rucksack	
la goma	der Radiergummi	
la pluma	der Füller	

En clase:

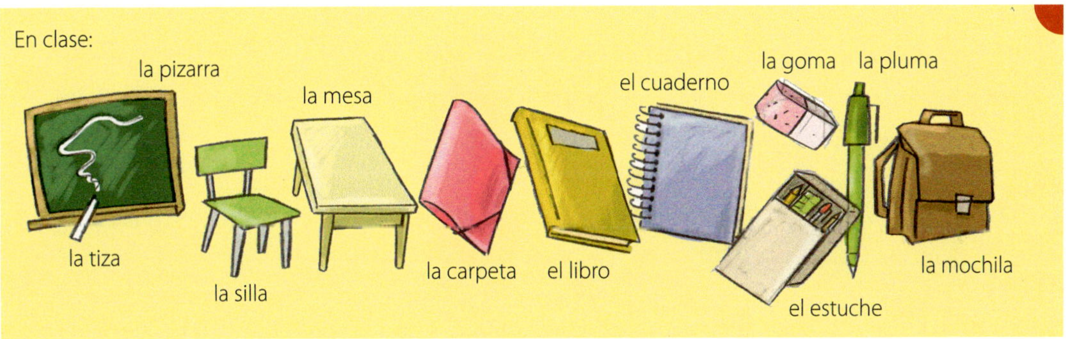

¿Cómo se dice […] en español?	Wie sagt man […] auf Spanisch?	– ¿~ „Füller" ~? – „Pluma".
Se dice […].	Man sagt […].	En español «Heft» ~ «cuaderno».
el alfabeto	das Alphabet	
Alicante	Alicante *Stadt in Spanien*	
el boli	der Kuli	
¡Gracias!	Danke!	
el euro	der Euro	
el colegio	die Schule	
el kilo	das Kilo	
España	Spanien	***ing.:*** Spain
la página web	die Webseite	
el examen	die Prüfung	***ing.:*** exam
¿Cómo se escribe?	Wie schreibt man das?	– ¿~ «goma»? – Ge – o – eme – a.
Se escribe […].	Man schreibt es […].	En español «libro» ~ ele – i – be – ere – o.

1 ¡AHORA SOY DE ALICANTE!

¡ACÉRCATE!

ahora	jetzt	
Soy de […].	Ich bin / komme aus […].	– Hola, me llamo Javi. ~ España.
de	von, aus, über	
¡ah!	ah!	
Ella es […].	Sie ist […].	– Hola, me llamo Esteban. Ah … ~ Elena.
ella	sie	
Tú eres de […].	Du bist / kommst aus […].	– Elena, ¿~ España?
Alemania	Deutschland	
¿verdad?	Stimmt's?, Nicht wahr?	– Sarah es de Alemania, ¿~?
sí	ja	– ¿Te llamas Javi? – ~, me llamo Javi.
Hamburgo	Hamburg	
bueno	ok, gut	
¿Quién es él / ella?	Wer ist das?	– ¿~? – Él es Esteban. Él es de Costa Rica.
¿quién?	wer?	
él	er	
¡Ni idea!	Keine Ahnung!	***ing.:*** No idea! / – Sarah es de Hamburgo, ¿verdad? – ¡~!
la idea	die Idee	***ing.:*** idea
¿De dónde eres?	Woher bist / kommst du?	– ¿~? – Soy de Alemania, de Hamburgo.
¿de dónde?	woher?	
Costa Rica	Costa Rica *Land in Mittelamerika*	
San José	San José *Hauptstadt von Costa Rica*	
regular	mittelmäßig	– Hola, ¿qué tal? – ~.
pues	also	
yo	ich	
fatal	schrecklich	

1A LOS AMIGOS DE ESTEBAN

los / las	die	los chicos, las chicas
el / la amigo/-a	der / die Freund/in	Elena es ~[1] de Javi.
ser	sein	
los hermanos	die Geschwister	Clara y Esteban son ~.
el hermano	der Bruder	
la hermana	die Schwester	La ~ de Esteban se llama Clara.
el recreo	die Pause *Schule*	
charlar	plaudern, schwatzen	Los chicos ~[2] en el recreo.
con	mit	
el / la compañero/-a	der / die Mitschüler/in, der / die Klassenkamerad/in	
nuevo/-a	neu	
ellos/-as	sie	
ser de	sein / kommen aus	Sarah ~[3] de Hamburgo.

1A

pero	aber	
estudiar	lernen	***ing.:*** to study / Sarah ~[4] en el colegio San Vicente de Alicante.
hablar	sprechen, reden	Elena, Clara y Esteban ~[5] español.
el alemán	Deutsch *Sprache*	Sarah habla español y ~.
en casa	zu Hause	Sarah habla español en el colegio y alemán ~.
la casa	das Haus	
¿no?	Nicht wahr?	– Javi, eres de Alicante, ¿~?
la mamá	die Mama	
siempre	immer	
nosotros/-as	wir	

no	nein, nicht	***ing.:*** no, not / ≠ sí
sólo	nur	
¡Claro!	Klar!, Natürlich!	– Elena, ¿hablas español? – ¡~!
también	auch	
vosotros/-as	ihr	– ~[6] sois hermanos, ¿verdad? – Sí.
aquí	hier	
¿Qué tal + *sust.*?	Wie ist + *Nomen*?	– ¿~ el colegio? – Bien.
el cole *fam.* = el colegio	die Schule	
la madre	die Mutter	La ~ de Esteban y Clara es de Costa Rica.
Se llama […].	Er / Sie / Es heißt […].	La chica de Hamburgo ~ Sarah.
el padre	der Vater	El ~ de Esteban y Clara es de Costa Rica también.
trabajar	arbeiten	
el hotel	das Hotel	
chatear	chatten	***ing.:*** to chat
por internet	im Internet	
el internet	das Internet	
Guatemala	Guatemala *Land in Mittelamerika*	
Berlín	Berlin	

PARA COMUNICARSE

1

Du begrüßt jemanden:	**¡Buenos días! / Hola, […].**
Du verabschiedest dich:	**¡Adiós! / ¡Hasta mañana! / ¡Hasta luego!**
Du fragst jemanden, wie es ihm geht:	**¿Qué tal?**
Du antwortest, dass es dir gut / mittelmäßig / schlecht geht:	**Muy bien. / Regular. / Fatal.**

1A

Du stellst dich oder jemanden vor:	**Me llamo [...]. / Soy [...].**
	Ella / Él es [...].
Du fragst jemanden nach seinem Namen:	**¿Cómo te llamas?**
Du fragst, woher jemand kommt:	**¿De dónde eres?**
	Tú eres de España / [...], ¿verdad?
Du sagst, woher du kommst:	**Soy de [...]. / Sí, soy de Alemania / España / [...].**
Du fragst, wie etwas auf Spanisch gesagt wird:	**¿Cómo se dice «[...]»?**
Du sagst, wie etwas auf Spanisch gesagt wird:	**Se dice «[...]».**
Du fragst, wie etwas auf Spanisch geschrieben wird:	**¿Cómo se escribe «[...]»?**
Du sagst, wie etwas auf Spanisch geschrieben wird:	**Se escribe: «[...]».**
Du sagst, dass du keine Ahnung hast:	**¡Ni idea!**
Du vergewisserst dich, ob etwas richtig ist:	**(Tú hablas alemán en casa), ¿no? / ¿verdad?**
Du fragst, wie jemandem etwas gefällt:	**¿Qué tal (el cole)?**
Du bedankst dich:	**Gracias.**

1 amiga 2 charlan 3 es 4 estudia 5 hablan 6 vosotros

2 EN LA CALLE

¡ACÉRCATE!

la calle	die Straße	
un / una	ein / eine	
la ciudad	die Stadt	
el centro	das Zentrum, der Mittelpunkt	La madre trabaja en el ~ de la ciudad.
¿Qué hay allí?	Was gibt es dort?	
¿qué?	was (für)?	
hay	es gibt	
allí	dort	≠ aquí
la tienda	das Geschäft	
mucho más	viel mehr	
mucho	viel	
más	mehr	
¡Mira!	Schau!	
la heladería	die Eisdiele	En el centro hay una ~.
la panadería	die Bäckerei	
el kiosco	der Kiosk	
además	außerdem	~, en el centro hay una panadería.
el cine	das Kino	***ing.:*** cinema
el restaurante	das Restaurant	
el cibercafé	das Internetcafé	
por supuesto	natürlich	
¿Qué más hay?	Was gibt es noch?	
el castillo	die Burg, das Schloss	***ing.:*** castle

2	el castillo de Santa Bárbara	die Burg Santa Bárbara *in Alicante*	
	la playa	der Strand	
	por aquí	*hier* in der Nähe	– ¿Hay un kiosco ~ ?
	no sé	ich weiß nicht	

2 A EN EL BARRIO SAN BLAS

el barrio	das Stadtviertel	
vivir	leben, wohnen	El chico ~[1] en el barrio San Blas.
descubrir	entdecken	***ing.:*** discover / Esteban y Clara ~[2] la ciudad.
poco a poco	nach und nach	
ésta es	das ist	~ Elena.
éstas son	das sind	~ Elena y Sarah.
la avenida	die Allee	***ing.:*** avenue
cerca	in der Nähe, nah	
la academia de danza	die Tanzschule	
aprender	lernen	Sarah ~[3] español.
el baile español	der Baile Español *spanischer Tanz*	
el baile	der Tanz	
¿Y qué?	Na und?	
vale	ok, gut	
¡oye!	hey, hör mal	
¿dónde?	wo?	– ¿~ está Elena?
la esquina	die Ecke	En la ~ hay un cine.
la hamburguesería	*Geschäft, in dem Hamburger verkauft werden*	
a veces	manchmal	
comer	essen	Los chicos ~[4] a veces en la hamburguesería.
pues sí	doch, natürlich, ja	
¡Basta ya!	Jetzt reicht es aber!	
¡Basta!	Es reicht!	
el estadio	das Stadion	

¿Qué hay en el barrio?

un hotel · una panadería · un restaurante · un cibercafé · un kiosco · un castillo · un estadio

leer	lesen	
la revista	die Zeitschrift	Javi lee una ~.
escribir	schreiben	
el e-mail	die E-Mail	

2 A **el papá**	der Papa	
la plaza	der Platz	
ver	sehen	Ésta es la heladería, ¿~?[5]
tomar un helado	ein Eis essen	
tomar	nehmen, essen / trinken	Sarah ~[6] el libro de Javi.

tomar un helado
ein Eis **essen**

tomar un libro
ein Buch **nehmen**

el helado	das Eis	
la horchata	*Erfrischungsgetränk aus Erdmandeln*	A veces bebemos ~.
¡Qué rico!	Wie lecker!	
¡Qué + ***adj.*****!**	Wie + *Adj.*!	
¿quiénes?	wer? *(Pl. von* quién)	¿~ son ellos?

Merke: „Wer" hat auf Spanisch sowohl eine Singular- als eine Pluralform:

¿**Quién** es él?	¿**Quiénes** son ellas?
Wer ist er?	**Wer** sind sie?

los padres	die Eltern	El padre y la madre son los ~.
creer	glauben	
la Plaza Puerta del Mar	die Plaza Puerta del Mar *Platz in Alicante*	

PARA COMUNICARSE

2

Du fragst, was es (dort) gibt:	**¿Qué hay (allí)?**
Du sagst, was es (dort) gibt:	**Hay un kiosco / una hamburguesería / [...].**
Du fragst, ob etwas in der Nähe vorhanden ist:	**¿Hay un / una [...] por aquí?**
Du sagst, wo:	**Sí, en la calle [...].**
Du sagst, dass du etwas nicht weißt:	**No sé.**
Du machst jemanden auf etwas aufmerksam:	**¡Mira! / ¡Oye!**
Du fragst jemanden, wo er wohnt:	**¿Dónde vives?**
Du sagst, wo du wohnst:	**Vivo en Alicante / en la calle Cervantes.**
Du willst „na und?" sagen:	**¿Y qué?**
Du stimmst einem Vorschlag zu:	**Vale.**
Du vergewisserst dich, ob etwas richtig ist:	**¿Verdad?**
Du sagst jemandem: „Hör mal auf!":	**¡Basta ya!**
Du sagst, dass dir etwas gut schmeckt:	**¡Qué rico!**

1 vive 2 descubren 3 aprende 4 comen 5 ves 6 toma

3 EN CASA

¡ACÉRCATE!

mi	mein/e	
la habitación	das Zimmer	
la cama	das Bett	
está	(er / sie / es) ist	

Unterscheide **está / hay:**

¿Dónde **está** el cine?	**Está** cerca de aquí.
Wo **ist** das Kino?	Es **ist** hier in der Nähe.
¿**Hay** una heladería por aquí?	Sí, **hay** una en la Plaza San Blas.
Gibt es eine Eisdiele hier in der Nähe?	Ja, es **gibt** eine an der Plaza San Blas.

enfrente de	gegenüber von	
al lado de	neben	El escritorio está ~ la cama.
el escritorio	der Schreibtisch	
la lámpara	die Lampe	
el armario	der Schrank	En mi habitación hay un ~.
encima de	über	La chaqueta está ~ la cama.
el «rincón de los deportes» *fam.*	die „Sportecke"	
el rincón	die Ecke	
el deporte	der Sport	
la pelota	der Ball	
el cartel	das Poster	
para + *inf.*	um zu + *Inf.*	El escritorio es ~ escribir.
para	für	
el ordenador	der Computer	El ~ está en la habitación de Javi.
genial	genial	
éste es	das ist	~ el escritorio de Elena.
éstos son	das sind	
el rincón favorito	die Lieblingsecke	
entre	zwischen	~ el hotel y el cibercafé hay una panadería.
la estantería	das Regal	
escuchar	hören, zuhören	
la música	die Musik	

3 A ELENA Y SUS COSAS

sus	seine / ihre	En la estantería están ~ cosas.
la cosa	die Sache	
su	sein/e, ihr/e	
el piso	die Wohnung	
el médico	der Arzt	

3 A	la médica	die Ärztin	Su madre es ~.
	el hospital	das Krankenhaus	***ing.:*** hospital / Ella trabaja en un ~.
	cerca de	in der Nähe von	El hospital está ~ casa.

Merke: **cerca de** = in der Nähe von   **por aquí, por aquí cerca** = hier in der Nähe

llegar a casa	nach Hause kommen	
llegar (a)	kommen, ankommen	
a	nach, zu, an	
el / la compañero/-a	*hier* der / die Lebensgefährte/-in	Paco es el ~[1] de la madre de Elena.
estar	sein, da sein, sich befinden	Alicante ~[2] en España.
el móvil	das Handy	***ing.:*** mobile / – ¿Dónde está el ~ de Elena?
¡ay!	Mensch!, Ach!	
otra vez	noch einmal, *hier* schon wieder	
seguro que	sicherlich	~ el móvil está en su habitación.
tu	dein/e	
la chaqueta	die Jacke	***ing.:*** jacket
como	wie	

Unterscheide:

El móvil está aquí, **como** siempre.	¿**Cómo** te llamas?	(Yo) **como.**
Das Handy ist **wie** immer hier.	**Wie** heißt du?	Ich **esse.**

así	so	
menos	weniger	≠ más
por favor	bitte	
necesitar	brauchen, benötigen	
el salón	das Wohnzimmer	En el ~ está la chaqueta de Elena.
tampoco	auch nicht	El móvil ~ está en la chaqueta.

Esteban chatea con sus amigos. Sarah **también** chatea.
La chaqueta no está en el salón. **Tampoco** está en la habitación.

mirar	schauen	= ver
por	durch	La madre mira ~ la puerta.
un montón de	eine Menge	
el cedé	die CD	
debajo de	unter	≠ encima de

3 A	el sillón	der Sessel	Encima del ~ hay un montón de cedés.
	todavía	noch (immer)	
	mis	meine	
	sí	*hier* doch, schon	
	la cocina	die Küche	Paco está en la ~.
	ya	schon	
	casi	fast	
	la hora de comer	die Essenszeit	
	¡A comer, que ya es tarde!	Komm(t) essen, es ist schon spät!	
	¡A comer!	Komm(t) essen!	
	tarde	spät, zu spät	
	después	danach, später	
	buscar	suchen	
	juntos/-as	zusammen	Buscamos ~[3] tu móvil.
	ring	*Klingeln des Telefons*	
	el baño	das Badezimmer	El móvil está en el ~.
	¡ay no!	ach Mensch!	

¿Qué hay en la habitación?

PARA COMUNICARSE

3

Du zeigst etwas in deiner Nähe:	Ésta / Éste es […].
Du fragst, wo jemand / etwas ist:	¿Dónde está […]?
Du sagst, wo jemand / etwas ist:	Está en / encima de / […].
Du sagst: „Hier ist es!":	Aquí está.
Du schlägst etwas vor:	(Después buscamos tu móvil juntos), ¿vale?
Du bist ungeduldig / genervt:	¡Ay no! / ¡Otra vez!
Du äußerst eine Vermutung:	Seguro que […].

1 compañero 2 está 3 juntos

4 LA FAMILIA Y LOS AMIGOS

¡ACÉRCATE!

la familia	die Familie	La ~ de Javi es de Alicante.
el / la primo/-a	der / die Cousin/e	Javi tiene una ~[1]. Se llama Cristina.
el tío	der Onkel	
la tía	die Tante	Las hermanas de los padres son las ~[2].
el abuelo	der Großvater	
la abuela	die Großmutter	
los abuelos	die Großeltern	Los padres de los padres son los ~.
el hijo	der Sohn	
la hija	die Tochter	Cristina es la ~ de la tía Vera.
los hijos	die Kinder *(Söhne und Töchter)*	Los primos de Javi son los ~ de los tíos.

4 A UN REGALO PARA JAVI

el regalo	das Geschenk	Nosotros buscamos un ~ para Javi.
la invitación	die Einladung	
la fiesta	die Party, das Fest	
el cumpleaños	der Geburtstag	
nuestro/-a	unser/e	Él es ~ compañero.
hasta el sábado	bis Samstag	Tengo tiempo ~ para escribir a mi abuela.
el sábado	der Samstag, *auch* am Samstag	La fiesta de Javi es el ~.
No faltes	*etwa* Über dein Kommen würde ich mich freuen	
¡Hum!	hmm!	
a ver	mal sehen	
tres	drei	
dos	zwei	
seis	sechs	
difícil	schwer, schwierig	***ing.:*** difficult / Los exámenes no son ~[3].
porque	weil	Compro un libro, ~ Javi lee mucho.
la actividad	die Aktivität, Beschäftigung	
favorito/-a	Lieblings-	***ing.:*** favourite / – La actividad ~[4] de Javi es leer, ¿no?
la película	der Film	
tocar la guitarra	Gitarre spielen	~ no es fácil.
tocar	spielen *Instrument*	
la guitarra	die Gitarre	La ~ de Javi no es nueva.
tener una idea	eine Idee haben	Los chicos ~ [5] para el cumpleaños.
tener (e → ie)	haben	Sarah ~ [6] una chaqueta.
comprar	kaufen	Mi madre ~[7] helados para nosotros.
la entrada	die Eintrittskarte	– Compramos una ~ para Javi.

4 A	bonito/-a	schön, hübsch	Las playas de Alicante son muy ~[8].
	el problema	das Problem	Los abuelos de Javi tienen un ~.
	no tener ni idea	überhaupt keine Ahnung haben	– ¿Qué compramos para Javi? – (Yo) ~[9].
	¿por qué?	Warum?	– ¿~ compras una guitarra para Javi?
	el lápiz de color	der Buntstift	
	el lápiz / los lápices	der Stift / Bleistift	
	el color	die Farbe	
	tener […] años	[…] Jahre alt sein	¡Yo ya no ~[10] once ~!

> Im Spanischen gibt man das Alter mit dem Verb **tener** (haben) an:
> Javier **tiene** once años.
> Javier **ist** elf Jahre alt.

el año	das Jahr	
cuatro	vier	Esteban tiene ~ revistas.
Es verdad.	Stimmt.	– ¡Sarah no tiene cuatro años! – Sí, ~.
la verdad	die Wahrheit	
¿Cuántos años tiene […]?	Wie alt ist […]?	
once	elf	Javi no tiene ~ guitarras.
cumplir […] (años)	[…] (Jahre alt) werden	Javi ~[11] doce el sábado.
doce	zwölf	
interesante	interessant	La clase de español es muy ~.
el fútbol	der Fußball *Sportart*	Para Esteban el ~ es interesante.
estupendo/-a	wunderbar, toll	Esteban tiene una idea ~[12].
para ti	für dich	El libro es ~.
ser muy amigos	*hier* gut zusammenpassen	Javi y el fútbol no ~[13].
¿de qué?	über was?, worüber?	
vuestro/-a	euer/-re	– Chicos, ¿cómo se llama ~[14] madre?
los deberes	die Hausaufgaben	– ¿De qué habláis? De vuestros ~, ¿verdad?
el pastel de cumpleaños	der Geburtstagskuchen	
el pastel	der Kuchen, *auch* die Torte	Nosotros compramos un ~.
tener razón	Recht haben	Elena ~[15]. El pastel está en la mesa.
preparar	vorbereiten, zubereiten	***ing.:*** to prepare / El padre de Sarah ~[16] un pastel para Javi.
la piñata	*eine mit Süßigkeiten gefüllte Pappfigur*	Esteban prepara una ~ para Javi.
eh	hmm…	

Los números: 0 cero

1 uno, una, un	5 cinco	9 nueve	13 trece	17 diecisiete
2 dos	6 seis	10 diez	14 catorce	18 dieciocho
3 tres	7 siete	11 once	15 quince	19 diecinueve
4 cuatro	8 ocho	12 doce	16 dieciséis	20 veinte

PARA COMUNICARSE

Du überlegst laut:	[...] a ver.
Du bist ungeduldig:	¡Pero por favor!
Du stimmst jemandem zu:	Sí, es verdad. / Tienes razón.
Du fragst, wie alt jemand ist:	¿Cuántos años tienes?
Du sagst, wie alt du bist:	Tengo [...] años.
Du willst etwas Positives über etwas sagen:	Es un (regalo) estupendo / genial / [...].
	Es una (idea) estupenda / divertida / [...].
Du schlägst etwas vor:	¿Por qué no (compramos una entrada)?
Du fragst nach einem Grund ...:	¿Por qué [...]?
... und antwortest:	Porque [...].

1 prima 2 tías 3 difíciles 4 favorita 5 tienen una idea 6 tiene 7 compra 8 bonitas 9 no tengo ni idea 10 tengo [...] años 11 cumple [...] (años) 12 estupenda 13 son muy amigos 14 vuestra 15 tiene razón 16 prepara

5 ¡QUE APROVECHE!

¡ACÉRCATE!

¡Que aproveche!	Guten Appetit!	
el sándwich de queso	das Käsesandwich	Paco prepara un ~.
el sándwich de jamón	das Schinkensandwich	
el sándwich	das Sandwich	
el queso	der Käse	Sarah come ~.
el jamón	der Schinken	El ~ es para el bocadillo.
la tortilla (de patata)	das Kartoffelomelett	La familia de Javi siempre come ~.
la patata	die Kartoffel	***ing.:*** potato
la ensaladilla rusa	*Kartoffelsalat mit Tunfisch und Erbsen*	Manuel y Carmen preparan ~.
la torrija	*etwa* armer Ritter *Weißbrotscheiben in Ei und Milch getunkt und gebraten*	
el globo	der Luftballon	
el caramelo	das Bonbon	
el zumo de naranja	der Orangensaft	
el zumo	der Saft	
la naranja	die Orange	
el agua	das Wasser	
el bocadillo de queso	das Käsebrötchen	Elena come un ~ en el recreo.
el bocadillo	das belegte Brötchen	

el bocadillo de queso
la ensaladilla rusa
la tortilla (de patata)
el sándwich de jamón
la torrija
el helado

el zumo de naranja
la horchata
el agua

5	¿Qué es esto?	Was ist das?	
	¿Qué es […]?	Was ist […]?	
	esto	das (hier)	– ¿Qué es esto? – ~ es ensaladilla rusa.
	tener sed	Durst haben	– Sarah, ¿~?[1]
	la sed	der Durst	
	tener hambre	Hunger haben	Los chicos ~[2].
	el hambre	der Hunger	

tener hambre = Hunger haben　　tener sed = Durst haben

¿Qué tomas?	Was möchtest du essen / trinken?	
para mí	für mich	– ¿Qué tomas? – ~, un zumo de naranja.

5 A EN LA FIESTA

la fiesta de cumpleaños	die Geburtstagsparty	La ~ de Javi es el sábado.
querer (e → ie)	wollen, mögen	– (Yo) ~[3] pastel.
saludar	begrüßen	Los chicos quieren ~ a su amigo.
entrar	hereinkommen	Esteban y Sarah ~[4] en el salón.
¡Feliz cumpleaños!	Herzlichen Glückwunsch zum Geburtstag!	
feliz / felices	glücklich	
muchas gracias	vielen Dank	
tener ganas (de)	Lust haben (auf)	Los chicos ~[5] ver una película.
Piratas del Caribe	Fluch der Karibik *Filmtitel*	
¡No importa!	Macht nichts!, Egal!	– No sé cómo se llama la película. - ~.
algo	etwas	
Hay de todo.	Es gibt alles.	En la fiesta de cumpleaños de Javi ~.
todo	alles	
beber	trinken	– ¿Qué quieren ~ los chicos?
el vaso de agua	das Glas Wasser	– Los chicos quieren un ~.
el vaso	das Glas	
el regalo de cumpleaños	das Geburtstagsgeschenk	El ~ de los padres de Javi es muy bonito.
el libro de historia	das Geschichtsbuch	El ~ es muy interesante.
la historia	die Geschichte	***ing.:*** history
la foto	das Foto	– ¡Mira la ~ de Javi!
el DVD	die DVD	
el cómic	der Comic	
preferir (e → ie)	lieber wollen, vorziehen	***ing.:*** to prefer / Sarah ~[6] el regalo de Javi.
divertido/-a	lustig	≠ aburrido/-a / El libro es ~.
aburrido/-a	langweilig	≠ interesante
la bicicleta	das Fahrrad	***ing.:*** bicycle
guay	toll	La bicicleta de Javi es muy ~.
dejar	lassen	
la bici *fam.* = la bicicleta	das Fahrrad	***ing.:*** bike

5 A	¡Ten cuidado!	Pass auf!	– ¡~ con la bicicleta!
	tener cuidado (con)	aufpassen	
	el suelo	der Boden	
	¡Ya está!	*etwa* Fertig!	
	¿Qué pasa?	Was ist los?, Was gibt's?	
	el / la niño/-a	das Kind	La ~[7] se llama Claudia.
	pequeño/-a	klein	Javi ya no es un niño ~.
	perdonar	entschuldigen	
	cantar	singen	Ellos ~[8] juntos.

La fiesta de cumpleaños:

PARA COMUNICARSE

Du wünschst guten Appetit:	¡Que aproveche!
Du gratulierst jemandem zum Geburtstag:	¡Feliz cumpleaños!
Du fragst, was jemand trinken / essen möchte:	¿Qué tomas? / ¿Qué quieres beber / comer?
Du sagst, was du essen / trinken möchtest:	Yo quiero (un zumo de naranja). Para mí, un / una […].
Du fragst, ob es etwas gibt:	¿Hay (bocadillos de queso)?
Du fragst: „Was ist das?":	¿Qué es esto?
Du sagst: „Pass auf!":	¡Ten cuidado!
Du sagst jemandem: „Du bist aber langweilig!":	¡Qué aburrido/-a eres!
Du entschuldigst dich:	Perdona.
Du fragst, was los ist:	¿Qué pasa?
Du sagst: „Das macht nichts.":	No importa.
Du magst etwas lieber:	Yo prefiero (el regalo de Sarah).
Du sagst, wie alt jemand ist / wird:	Tiene […]. / Cumple […] años.

1 tienes sed 2 tienen hambre 3 quiero 4 entran 5 tienen ganas de 6 prefiere 7 niña 8 cantan

6 MI MASCOTA Y YO

¡ACÉRCATE!

la mascota	das Haustier	Elena quiere tener una ~.
visitar	besuchen	Sarah ~[1] a Elena el sábado.
la asociación protectora de animales	der Tierschutzverein	
el animal	das Tier	***ing.:*** animal
hoy	heute	≠ mañana
el día	der Tag	***ing.:*** day / Hoy es el «~ de la mascota».
Masali	*Name eines Tierschutzvereins*	
muchas cosas	viele Dinge	
sobre	über	
entonces	dann, also	
¡Encuentra!	Finde!	
uno/-a	eine/r	
el perro	der Hund	El ~ de Sarah se llama Sami.
grande	groß	≠ pequeño/-a
creo que [...]	ich glaube, dass [...]	
un poco	ein bisschen	El libro es ~ aburrido.
peligroso/-a	gefährlich	– Creo que el perro es un poco ~.
tener miedo (de)	Angst haben vor	Elena ~[2] los perros grandes.
el miedo	die Angst	
comprender	verstehen	Yo no ~[3] los perros.
tonto/-a	dumm	≠ inteligente
el periquito	der Wellensittich	Elena tiene un ~.
gracioso/-a	witzig	Los periquitos son ~[4].
el hámster	der Hamster	También el ~ es gracioso.
el conejo	das Kaninchen	
inquieto/-a	lebhaft, unruhig	El conejo es ~.
el gato	die Katze	El ~ no es amigo del perro.
tranquilo/-a	ruhig	≠ inquieto/-a
inteligente	intelligent, klug	Sami es muy ~.
el caballo	das Pferd	
la tortuga	die Schildkröte	La ~ de Manuel no es inquieta.
el conejo de Indias	das Meerschweinchen	
el pollito	das Küken	
el ratón	die Maus	El ~ come queso.
el pez / los peces	der / die Fisch / Fische	– Los ~ son aburridos, ¿verdad?
el loro	der Papagei	Los ~ son muy divertidos.

Los animales:

el perro	el loro	el hámster	el conejo	el pollito	el periquito
el gato	el ratón	el pez	el caballo	el conejo de Indias	la tortuga

6 A ¿PUEDO TENER UN PERRO?

poder (o → ue)	können	– ¿~[5] tener un perro? – No, Elena.
volver (a) (o → ue)	zurückkommen (nach)	
volver a casa (o → ue)	nach Hause kommen	Elena ~[6] con una idea estupenda.
cariñoso/-a	liebevoll, zärtlich, zutraulich	Elena quiere un perro pequeño y ~.
fácil	leicht	≠ difícil / Tener un perro no es ~.
tener que	müssen	(Yo) ~[7] hacer mis deberes.

Merke dir folgende Ausdrücke mit dem Verb **tener**:

tener una idea	tener sed	tener ganas (de)
tener […] años	tener hambre	tener miedo (de)
tener razón	tener cuidado	tener que […]

salir	(hin)ausgehen	(Yo) siempre ~[8] con Sarah y su perro.
el cariño	die Zärtlichkeit, Zuneigung, Liebe	
después de + *sust.*	nach + *Nomen*	~[9] cole Elena y su perro pueden estar juntos.
pensar (en) (e → ie)	denken (an)	Elena ~[10] en el perro de Sarah.
saber	wissen, *auch* können	Javi ~[11] tocar la guitarra muy bien.
Ya lo sé.	Das weiß ich schon.	– Elena, nuestro piso es muy pequeño para un perro. – ¡Sí, ~, mamá!
¡Sal!	Geh raus!	
por fin	endlich	¡~ la tortilla está lista!
solo/-a	allein	No podemos dejar el perro ~ en casa.
el tiempo	die Zeit	***ing.:*** time / – ¿Tienes ~ para un perro?
salir a pasear	spazieren gehen	Elena ~[12] con Sarah y Sami.
pasear	spazieren gehen	Quiero un perro para ~.
pasear a	jdn. ausführen	
los / las dos	beide	~[13] chicas estudian en mi colegio.
cuidar	aufpassen (auf), sorgen (für)	Sarah ya sabe ~[14] un perro.
encontrar (o → ue)	finden	Esteban no ~[15] el libro de historia.
al final	am Ende	~ yo tengo que cuidar el perro.
o	oder	Quiero un perro ~ un caballo.
¡Vamos a ver!	Wir werden sehen!	– Mamá, ¿puedo tener un perro? – ¡~!

PARA COMUNICARSE

6

Du sagst, dass du schon etwas weißt:	**Sí, ya lo sé.**
Du sagst: „Geh raus!":	**¡Sal de aquí!**
Du fragst jemanden nach seiner Meinung:	**Tú, ¿qué piensas?**
Du willst eine Entscheidung erst später treffen:	**¡Vamos a ver!**
Du fragst, ob du etwas machen darfst:	**¿Puedo (salir con mis amigos)?**
Du sagst: „Gute Idee!":	**¡Qué buena idea!**

6 A

1 visita 2 tiene miedo de 3 comprendo 4 graciosos 5 puedo 6 vuelve a casa 7 tengo que 8 salgo 9 Después del 10 piensa 11 sabe 12 sale a pasear 13 Las dos 14 cuidar 15 encuentra

7 ¿QUÉ HORA ES?

¡ACÉRCATE!

¿Qué hora es?	Wie spät ist es?	
la hora	die Stunde *Uhrzeit*	***ing.:*** hour
Es la / Son las […].	Es ist […].	~[1] una.
Es la / Son las […] y […].	Es ist […] nach […]. *Uhrzeit*	
hora + **de la mañana**	(7 Uhr) + morgens	Son las 7 ~.
la mañana	der Morgen	La ~ es muy bonita.
temprano	früh	La familia de Sarah come ~.
¿Tienes hora?	Kannst du mir sagen, wie spät es ist?	
Son las (3) y cuarto.	Es ist Viertel nach (3). *Uhrzeit*	
Son las (3) y media.	Es ist halb (4). *Uhrzeit*	
¡Claro que sí!	Selbstverständlich!, Natürlich!	
Son las (3) menos cuarto.	Es ist Viertel vor (3). *Uhrzeit*	
llegar tarde	zu spät kommen	No quiero ~ al cole.
¿A qué hora […]?	Um wie viel Uhr […]?	– ¿~ quedasteis tú y Sarah?
cerrar **(e → ie)**	schließen	La panadería ~[2] tarde.
la piscina	das Schwimmbad	Por aquí hay una ~.
A la una. / A las (3).	Um (3) Uhr. *Uhrzeit*	Elena visita hoy a Esteban ~ 3.

– ¿A qué **hora** (comes)? – **A la** una. / **A las** siete.

ver la tele	fernsehen	– ¿Puedo ~?
la tele *fam.* **= la televisión**	der Fernseher	La ~ de Javi es muy pequeña.
el minuto	die Minute	
Son las […] menos […].	Es ist […] vor […]. *Uhrzeit*	

¿Qué hora es?

Es la una. — Son las dos. — Son las tres y veinte. — Son las cuatro y cuarto. — Son las cinco y media. — Son las seis menos veinticinco. — Son las siete menos cuarto.

el reloj	die Uhr	Mi abuelo tiene cuatro ~[3].
diferente	verschieden, anders	***ing.:*** different / Los relojes de Esteban tienen horas ~[4].
hora + **de la noche**	*Uhrzeit* + abends, nachts	En San José son las 9 ~.

7 la noche	die Nacht / der (späte) Abend	
hora + de la tarde	*Uhrzeit* + nachmittags	Tomamos un helado a las 5 ~.
la tarde	der Nachmittag	La ~ del sábado es muy tranquila.

7 A ¿VAMOS A LA PLAYA?

ir (a)	gehen (zu, nach)	Nosotros ~[5] cine temprano.
¡Dígame!	Ja?, Hallo? *am Telefon*	
el momento	der Moment	
el teléfono	das Telefon	El ~ está en el salón.
¡Dime!	Ja?, Hallo? *am Telefon*	
es que	nämlich, eigentlich	– No puedo salir. ~ tengo que estudiar.
el coro	der Chor	
por fa *fam.* = por favor	bitte	
¡Lo siento!	Es / Das tut mir leid!	– ¿Vamos a la heladería? – ~, pero tengo que visitar a mi abuelo.
de verdad	ehrlich, wirklich	
está bien	ok, in Ordnung	– Lo siento, no puedo ir. – Bueno, ~.
hacer	machen	Las dos chicas ~[6] sus deberes.
primero	zuerst	~ hago mis deberes, luego salgo.
llamar	(an)rufen	Sarah ~[7] a Elena.
¿Qué hay?	Was gibt's?	– Hola, Sarah, ¿~?
por la tarde	nachmittags	~ salgo con mi perro.
¿adónde?	wohin?	≠ ¿de dónde?
el museo	das Museum	Los ~[8] de Alicante son muy interesantes.
nadar	schwimmen	Esteban y Sarah van a ~ juntos.
contestar	(be)antworten	Esteban no ~[9] el teléfono.
el número	die Zahl, *hier* die Telefonnummer	Él no contesta. Es que tiene un ~ nuevo.
apuntar	notieren, aufschreiben	Sarah ~[10] el número de Esteban.
es el + *número*	(die Nummer ist) + *Zahl*	
¿cuándo?	wann?	– ¿~ vais a la playa?

– ¿**Cuándo** vuelve Elena? – Mañana. – ¿**A qué hora** es la película? – A las 8.

7 A	el polideportivo	das Sportzentrum	Hacemos deporte en el ~.
	el partido de fútbol	das Fußballspiel	Hay un ~ en el polideportivo.
	¡Qué pena!	Wie schade!	– ¿No puedes ir al museo? ¡~!
	antes	vorher, davor	≠ después
	empezar (e → ie)	anfangen, beginnen	La película ~[11] temprano.
	hacer un trato	ein Abkommen schließen	Esteban y Sarah ~[12].
	el trato	das Abkommen	El ~ es genial.
	contigo	mit dir	– Yo voy ~ a la piscina.
	conmigo	mit mir	– Tú vas ~ al polideportivo.
	quedar	sich verabreden	– ¿(Nosotros) ~[13] enfrente del museo?
	entonces	dann, also	– ~, ¿nos vemos luego?
	delante (de)	vor, davor	

PARA COMUNICARSE

7

Du fragst nach der Uhrzeit:	**¿Qué hora es? / ¿Tienes hora?**
Du gibst die Uhrzeit an:	**Es la una. / Son las (diez).**
Du meldest dich am Telefon:	**Dime. / Dígame.**
Du fragst, ob du mit jemandem sprechen kannst:	**¿Puedo hablar con (Elena), por favor?**
Du willst, dass jemand einen Moment wartet:	**Un momento.**
Du sagst, dass dir etwas leid tut:	**Lo siento.**
Du sagst, dass du es schade findest:	**¡Qué pena!**
Du fragst, was los ist:	**¿Qué hay?**
Du sagst, dass es ist dir zu früh ist:	**¡Es muy temprano!**
Du gibst einen Grund an:	**(No puedo.) Es que (no tengo tiempo).**

1 Es la 2 cierra 3 relojes 4 diferentes 5 vamos al 6 hacen 7 llama 8 museos 9 contesta 10 apunta 11 empieza 12 hacen un trato 13 quedamos

8 EL HORARIO DE LOS CHICOS

¡ACÉRCATE!

el horario (de clase)	der Stundenplan	
1° de ESO	6. Schuljahr	
la comida	das Essen	La ~ de Paco es estupenda.
el lunes	der Montag	
Geografía e Historia *f. sg.*	Geographie und Geschichte *Schulfach*	
e	und *(vor /i/ + /hi/)*	
Lengua y Literatura *f. sg.*	Sprache und Literatur (= Spanisch) *Schulfach*	
Matemáticas *f. pl.*	Mathematik *Schulfach*	
Inglés *f. sg.*	Englisch *Schulfach*	
Educación Plástica y Visual	Kunst *Schulfach*	
la Tutoría	die Nachhilfe *Schulfach*	La ~ es el lunes por la tarde.

8 el martes	der Dienstag	El ~ voy al cine con mis amigos.
Ciencias de la Naturaleza	Naturwissenschaften *Schulfach*	La profesora de ~ es muy divertida.
Tecnología	Technologie *Schulfach*	
Educación Física	Sport *Schulfach*	
el miércoles	der Mittwoch	El día después del martes es el ~.
la Optativa	das Wahlfach *Schulfach*	
Religión	Religion *Schulfach*	
Ética	Ethik *Schulfach*	
el jueves	der Donnerstag	
el viernes	der Freitag	
¿cuánto/-a?	wie viel/e?	– ¿~[1] chicos hay en tu clase?
durante+ *sust.*	während + *Nomen*	
la semana	die Woche	– ¿Cuántas horas de Inglés tenéis durante la ~?
los lunes	montags	Los ~ tengo clases de guitarra.
¿hasta qué hora?	Bis wann / wie viel Uhr?	– ¿~ puedes salir a pasear con tu perro?
hasta la / las [...]	bis um [...] *Uhrzeit*	– Salgo a pasear con Sami ~[2] seis.
desde la / las [...] hasta la / las [...]	von / seit [...] bis [...] *Uhrzeit*	– Tengo clases de Geografía e Historia ~ las diez y diez ~ once y cinco.
para el lunes	für Montag	– ~ tenemos los deberes de Ética.
por la mañana	morgens	
el domingo	der Sonntag	– ¿Vais el ~ a la playa?
¡Qué palo! *fam.*	Wie lästig / doof!	
la asignatura	das Schulfach	– Mis ~[3] favoritas son Matemáticas e Inglés.

Las asignaturas:

Tecnología	Matemáticas (Mates)	Geografía e Historia
Optativa	Educación Física	Ciencias de la Naturaleza
Religión	Lengua y Literatura	Educación Plástica y Visual
Ética	Tutoría	

sobre	über	En Ciencias de la Naturaleza aprendemos un montón ~ los animales.
¡bah!	bäh	

8 A ASÍ SON LOS CHICOS

desayunar	frühstücken	La familia de Esteban ~[4] junta.
estar cansado/-a (de)	müde sein (von)	Esteban siempre ~ [5] después del cole.
contento/-a	zufrieden	Elena está ~[6].
el curso	der Kurs	
bueno/-a	gut	Elena es muy ~[7] en Geografía e Historia.
la nota	die Note	Ella siempre tiene buenas ~[8].

8 A	tener chispa	pfiffig sein	Elena es tranquila pero ~[9].
	atento/-a	aufmerksam	Ella siempre está ~[10] en las clases de Inglés.
	el idioma	die Sprache	Sarah y los ~[11] son muy amigos.
	la palabra	das Wort	
	ser el fuerte de alg.	die Stärke von jdm. sein	Las palabras nuevas no ~[12] Elena.
	la hora de comer	*hier* die Mittagszeit	A la ~ Javi no vuelve a casa.
	simpático/-a	sympathisch	Las amigas de Javi son muy ~[13].
	contar (o → ue)	erzählen	
	el chiste	der Witz	Los ~[14] de Javi son muy divertidos.
	nervioso/-a	nervös	Hoy el chico está muy ~[15].
	deportista	sportlich	Sarah es muy ~.
	odiar	hassen	La chica ~[16] Geografía.
	estar harto/-a (de a/c)	(etwas) satt haben	Javi ~[17] de Educación Física.
	el nombre	der Name	Su ~ es Esteban.
	la montaña	der Berg	***ing.:*** mountain
	o	oder	
	el río	der Fluss	
	por eso	deswegen	Javi lee mucho. ~ su asignatura favorita es Lengua y Literatura.
	malo/-a	schlecht	≠ bueno/-a
	alegre	fröhlich	El hermano de Javi es muy ~.
	parlanchín/-ina	geschwätzig	El chico es muy ~[18].
	activo/-a	aktiv	Durante la semana los chicos son ~[19].
	travieso/-a	keck, forsch, unartig	Los niños pequeños son muy ~[20].
	el voleibol	Volleyball *Sportart*	Las actividades favoritas de Esteban son el fútbol y el ~.
	por la noche	nachts, *hier* spät abends	~ Esteban chatea con su primo.
	cenar	zu Abend essen	Por la noche la familia de Esteban ~[21].
	Mates *fam.* = Matemáticas	Mathe *Schulfach*	Esteban y las ~ no son muy amigos.

PARA COMUNICARSE

8

Du sagst „Aber klar!":	**¡Claro que sí!**
Du findest etwas lästig / anstrengend:	**¡Qué palo!**
Du sagst, welches dein Lieblingsfach ist:	**Mi asignatura favorita es (Ciencias de la Naturaleza).**
Du sagst, dass etwas nicht deine Stärke ist:	**(Inglés) no es mi fuerte.**
Du sagst, dass du die Nase voll von etwas hast:	**Estoy harto/-a de (Mates).**

1 Cuántos 2 Hasta las 3 asignaturas 4 desayuna 5 está cansado 6 contenta 7 buena 8 notas 9 tiene chispa 10 atenta 11 idiomas 12 son el fuerte de 13 simpáticas 14 chistes 15 nervioso 16 odia 17 está harto 18 parlanchín 19 activos 20 traviesos 21 cena

9 ¿QUÉ LLEVAS HOY?

¡ACÉRCATE!

llevar	*hier* tragen *Kleidung*	
la camisa	das Hemd	La ~ de Paco no es nueva.
de manga larga	langärmelig	La camisa ~ es muy bonita.
largo/-a	lang	Esteban lleva una camisa muy ~[1].
la camiseta	das T-Shirt	Tengo una ~.
de manga corta	kurzärmelig	≠ de manga larga
corto/-a	kurz	≠ largo/-a
los pantalones	die Hose	Los ~ de Elena son cortos.
los vaqueros	die Jeans	Los ~ de Clara son muy pequeños.
azul	blau	Sarah lleva una camisa ~.
la falda	der Rock	Mi ~ favorita es azul.
blanco/-a	weiss	– ¿Dónde está mi camiseta ~[2]?
el jersey	der Pullover	***ing.:*** jersey / El ~ de Esteban es nuevo.
verde	grün	El color favorito de Elena es el ~.
el vestido	das Kleid	Los dos ~[3] de Elena son verdes.
amarillo/-a	gelb	El jersey ~[4] es muy corto.
el zapato	der Schuh	
negro/-a	schwarz	Los zapatos nuevos de Javi son ~[5].
las zapatillas (de deporte)	die Turnschuhe	– ¿Tienes ~ nuevas? – Sí.
la gorra	die Mütze	La ~ de Esteban es de Costa Rica.
rojo/-a	rot	La mochila de Esteban es ~[6].

Los colores:

el chándal	der Trainingsanzug	Esteban lleva un ~.
tener **frío**	frieren	– Elena, Javi, ¿no ~[7] ?
elegante	elegant	La camisa de Javi es muy ~.
feo/-a	hässlich	≠ bonito/-a
¡No, qué va!	Überhaupt nicht!	– Javi, ¿tu libro no es aburrido? – ~.

9 A LA FALDA VERDE

este + *sust.*	dieser + *Nomen*	~ libro es muy interesante.
esta + *sust.*	diese + *Nomen*	~ noche hay una fiesta en el barrio.
pasar (por)	vorbeigehen	Javi y Sarah ~[8] la casa de Elena.
los fuegos artificiales	das Feuerwerk	Los chicos quieren ver los ~.
el fuego	das Feuer	

9 A	la ropa	die Kleidung	Los chicos llevan ~ original y divertida.

La ropa: la camiseta, los vaqueros, los zapatos

la camisa, los pantalones, la falda, el jersey, las zapatillas, la gorra, el chándal

original	originell	
unos/-as	ein paar	
las gafas de sol	die Sonnenbrille	– Las ~ son de mi madre.
las gafas	die Brille	La abuela de Javi necesita ~ para leer.
el sol	die Sonne	

Die Sonne ist auf Spanisch männlich:
el sol

mono/-a *fam.*	niedlich, schön	Las gafas de Sarah son muy ~[9].
decir (e → i)	sagen	
el sombrero	der Hut	Esteban lleva un ~.
Mola/n mucho. *fam.*	Das ist (der) „Hammer". *hier* Das sieht toll aus.	
tener prisa	es eilig haben	Los chicos ~[10].
ese + *sust.*	dieser + *Nomen* (da)	~ libro es de Sarah.
esa + *sust.*	diese + *Nomen* (da)	~ camiseta es nueva.
gustar	gefallen	

Me / Te / Le gusta (el sombrero / cantar). Me / Te / Le gustan (las gafas).

ir bien con	gut passen zu	Los zapatos verdes ~[11] la falda negra.
el pelo	das Haar	A Sarah le gusta el ~ de Elena.
castaño/-a	braun *Haar-* und *Augenfarbe*	El pelo de Elena es ~[12].
el ojo	das Auge	Elena tiene los ~[13] castaños.
preguntar	fragen	
la lavadora	die Waschmaschine	La falda no está en la ~.
ordenar	aufräumen	Elena ~[14] su habitación.
en seguida	sofort	Los chicos quieren salir ~.
estar listo/-a	fertig sein	Elena no encuentra la falda verde. Por eso no ~[15].
pues no	natürlich nicht	– Elena, ¿estás lista? – ~, no estoy lista.

9 A	estos + *sust.*	diese + *Nomen* (hier)	~ pantalones son de mi prima.
	estas + *sust.*	diese + *Nomen* (hier)	~ revistas son de mi padre
	guapo/-a	hübsch	Javi, ¡estás muy ~!
	a mí también / tampoco	mir auch (nicht)	Me gustan tus gafas. – ~.
	a mí no	mir nicht	Me gusta el fútbol. – ~.
	la mano	die Hand	La madre tiene unos vaqueros en la ~.
	estar de moda	modern sein	Los vaqueros blancos ~[16].
	sin	ohne	Elena no quiere salir ~ la falda verde.
	de repente	plötzlich	
	esos + *sust.*	diese + *Nomen* (da)	≠ estos
	esas + *sust.*	diese + *Nomen* (da)	≠ estas
	por ahí	dort	
	¡Date prisa!	Beeile dich!	
	¡Ahora voy!	Ich komme schon!	

PARA COMUNICARSE

9

Du sagst, dass du frierst:	**Tengo frío.**
Du kommentierst, wie jemand aussieht:	**¡Qué (elegante / [...]) estás!**
Du stimmst jemandem nicht zu:	**¡Qué va!**
Du fragst, ob jemandem etwas gefällt:	**¿Te gusta/n?**
Du sagst, dass es dir gefällt:	**Sí, me gusta/n.**
Du sagst, dass es dir auch gefällt:	**A mí también me gusta/n.**
Du sagst, dass es dir nicht gefällt:	**A mí no me gusta/n.**
Du sagst, dass es dir auch nicht gefällt:	**A mí tampoco me gusta/n.**
Du forderst jemanden auf, sich zu beeilen:	**¡Date prisa!**
Du sagst, dass du kommst:	**¡Ahora voy!**
Du sagst, dass etwas (der) Hammer ist:	**Mola/n mucho.**

1 larga 2 blanca 3 vestidos 4 amarillo 5 negros 6 roja 7 tenéis frío 8 pasan por 9 monas
10 tienen prisa 11 van bien con 12 castaño 13 ojos 14 ordena 15 está lista 16 están de moda

10 EL DÍA DE LA COMIDA SANA

¡ACÉRCATE!

sano/-a	gesund	
próximo/-a	nächste/r	El ~ viernes es «el día de la comida sana».
el desayuno	das Frühstück	El ~ favorito de Javi no es sano.
perfecto/-a	perfekt	El desayuno es ~.
la manzana	der Apfel	El caballo come una ~.
los cereales	das Müsli, die Cornflakes	***ing.:*** cereals / A Elena le gustan los ~.
la fruta	die Frucht, das Obst	
por ejemplo	zum Beispiel	
el plátano	die Banane	Mi fruta favorita es el ~.

10	la pera	die Birne	
	el melocotón	der Pfirsich	
	dulce	süß	Los plátanos de Costa Rica son muy ~[1].
	la galleta	der Keks	– Javi, aquí tienes tus ~[2].
	el cruasán	das Croissant	
	la tostada	der Toast	
	la mantequilla	die Butter	
	la mermelada	die Marmelade	
	la leche	die Milch	Hoy Javi quiere beber un vaso de ~.
	el Cola Cao	*typisch spanisches Kakaogetränk*	Javi bebe un vaso de ~.
	típico/-a	typisch	
	el pan	das Brot	El ~ alemán es diferente.
	el gallo pinto	*typisches Gericht aus Costa Rica mit Reis und Bohnen*	
	el huevo	das Ei	
	el plato	der Teller, *hier* das Gericht *Essen*	El ~ típico de Costa Rica es el gallo pinto.
	el arroz	der Reis	
	el frijol	die Bohne	
	el fin de semana	das Wochenende	Esteban desayuna gallo pinto los ~[3].
	el embutido	die Wurst	El desayuno típico alemán tiene ~.

10 A ¿QUÉ VAMOS A COMPRAR?

ir a + *inf.*	etwas tun werden	Sarah ~[4] desayunar con Esteban.
organizar	organisieren	Vosotros ~[5] un desayuno.
la hamburguesa	der Hamburger	Las ~[6] no son sanas.
las patatas fritas	die Pommes frites	Las ~ tampoco son sanas.
estar de acuerdo	einverstanden sein	Javi no ~[7]. Para él las hamburguesas son buenas.
la lechuga	der Kopfsalat	Los conejos comen ~.
el tomate	die Tomate	Las hamburguesas tienen ~.
la verdura	das Gemüse	
que	der, die, das *Relativpron.*	– Javi, la comida ~ a ti te gusta no siempre es sana.
mucho/-a	viel/e	Tengo ~[8] hambre.
la vitamina	das Vitamin	Las verduras tienen muchas ~[9].
¿o no?	Oder etwa nicht?	
la carne	das Fleisch	El abuelo de Javi come mucha ~.
bastante	ziemlich	Mi habitación es ~ pequeña.
perplejo/-a	perplex, ratlos	Los amigos de Javi están bastante ~[10].
el libro de Ciencias	das Naturkundebuch *Schule*	Con el ~ aprendemos muchas cosas.
la grasa	das Fett	Las patatas fritas tienen ~.
poco/-a	wenig/e	≠ mucho/-a
el argumento	das Argument	Javi no escucha los ~[11] de sus amigos.
menos mal que	zum Glück	

10 A	la botella (de)	die Flasche	Elena compra una ~ zumo.
	sobre todo	vor allem	~ a Javi le gusta el zumo.
	el texto	der Text	Javi lee el ~ de la botella.
	eso	das	– El zumo es muy sano. – Sí, ~ dice mi madre.
	el azúcar	der Zucker	Los pasteles tienen mucho ~.
	el/la profe *fam.* = el/la profesor/a	der Lehrer/die Lehrerin	Según la ~ el azúcar no es bueno.
	estallar de risa *fam.*	sich kaputtlachen	Javi y sus amigos ~[12].
	tan	so	
	pasar	verbringen *Zeit*	Los chicos ~ la tarde con muchos chistes.
	desde	von [...] aus *Präp. örtlich*	Vosotros escucháis a los chicos ~ la cocina.
	la macedonia	der Obstsalat	La madre prepara una ~.
	hace mucho calor	es ist sehr heiß *Wetter*	Preparo una macedonia porque hoy ~.
	el calor	die Hitze	
	barato/-a	billig	Las frutas son ~[13].
	a la vez	auf einmal, gleichzeitig	Los chicos hablan ~.
	la lata (de)	die Dose	Las frutas de ~ no son sanas.
	¡Qué dices!	Was sagst du da!	
	fresco/-a	frisch	Los chicos prefieren las frutas ~[14].
	un poco de	ein bisschen	
	el chocolate	die Schokolade	
	el mercado	der Markt	Compro la fruta en el ~.
	la lista de la compra	die Einkaufsliste	Javi hace la ~.
	el melón	die Melone	En el mercado hay ~ de España.
	la uva	die Weintraube	Las ~[15] de Chile son muy buenas.
	medio kilo (de) *m.*	halbes Kilo	Para la macedonia necesito ~ melón.
	la piña	die Ananas	

	el litro (de)	der Liter	Los chicos compran un ~ zumo de naranja.
	el paquete (de)	das Paket	
	el gramo	das Gramm	
	cien	hundert	
	el cuarto de kilo (de)	das viertel Kilo	El pastel tiene un ~ azúcar.
	caro/-a	teuer	≠ barato/-a
	¿Cuánto es todo?	Wie viel macht das?	

10 A	Son 8 euros con 75.	Das macht 8 Euro und 75 Cent.	
	el euro	der Euro	
	Aquí tiene.	Bitte. *beim Bezahlen*	
	el dinero	das Geld	– ¿Tenemos ~ para comprar caramelos?

PARA COMUNICARSE **10**

Du bist mit etwas / jemandem nicht einverstanden:	**No estoy de acuerdo.**
Du relativierst jemandes Meinung:	**¡Tan (malo/-a / bueno/-a) / […]) no va a ser!**
Du willst sagen, dass es (sehr) heiß ist:	**Hace (mucho) calor.**
Du bist der Meinung, dass jemand Blödsinn redet:	**¡Qué dices!**
Du fragst, was alles zusammen kostet:	**¿Cuánto es (todo)?**

1 dulces 2 galletas 3 fines de semana 4 va a 5 organizáis 6 hamburguesas 7 está de acuerdo 8 mucha 9 vitaminas 10 perplejos 11 argumentos 12 estallan de risa 13 baratas 14 frescas 15 uvas

11 VACACIONES DE VERANO

¡ACÉRCATE!

las vacaciones	die Ferien	***ing.:*** vacation / Las ~ de Esteban son muy divertidas.
el verano	der Sommer	En el ~ hace mucho calor.
el curso	der Kurs	
jugar *(u → ue)*	spielen	Me gusta ~ con el ordenador.
practicar deporte/s	Sport machen	Los chicos ~[1].
el tenis	das Tennis	Esteban y Sarah ven un partido de ~.
¡Pásalo bien!	*etwa* Viel Spaß!	
el mes	der Monat	
julio	Juli	En ~ hace mucho calor.
agosto	August	
el Centro 14	*hier Jugendzentrum in Alicante*	
el postre	der Nachtisch	A Javi le gustan los ~[2].
¡Apúntate!	*hier* Mach mit!	
del […] al […]	vom […] bis zum […] *Datum*	El curso es ~ 26 de julio ~ 13 de agosto.
junio	Juni	
practicar surf	surfen	Elena aprende este verano a ~.
el buceo	das Tauchen	
el tiempo libre	die Freizeit	En las vacaciones tenemos mucho ~.
el campamento	das Ferienlager	
la aventura	das Abenteuer	
el grupo	die Gruppe	
el huerto	der Gemüsegarten	En el ~ hay lechuga.
montar a caballo	reiten	Sarah no sabe ~.
la excursión	der Ausflug	***ing.:*** excursion / Ellos organizan una ~.

11 *el baloncesto*	der Basketball	
el tenis de mesa	das Tischtennis	
el balonmano	der Handball	

Los deportes:

jugar al fútbol	jugar al tenis	jugar al tenis de mesa	practicar surf
jugar al voleibol	jugar al baloncesto	jugar al balonmano	montar a caballo

la competición	der Wettbewerb	
el torneo	das Turnier	
la sala de lectura	der Leseraum	En el cole hay una ~.
la sala de ordenadores	der Computerraum	La ~ es es mi rincón favorito.
viajar	reisen	
alemán/-ana	deutsch	Voy a vivir con una familia ~[3].
todos los días	jeden Tag	Tengo clases de alemán ~.
por (semana)	*hier* pro (Woche)	Voy a nadar una vez ~ semana.
¡A mí me gustaría + inf!	Ich würde gerne […].	~ montar a caballo.

OPCIÓN 1: TODOS ESTÁN HABLANDO A LA VEZ

todos/-as	alle	
lleno/-a	voll	El vaso está ~.
el/la turista	der/die Tourist/in	En verano hay muchos ~[4] en Alicante.
apenas	kaum	
llevar	*hier* hinfahren	
llevar en coche	jemanden mit dem Auto hinfahren	
el coche	das Auto	
el aeropuerto	der Flughafen	***ing.:*** airport / El ~ de San José es muy pequeño.
el viaje	die Reise	El ~ a Costa Rica es una aventura.
el avión	das Flugzeug	El viaje en ~ es divertido.
durar	dauern	El viaje a Costa Rica ~ casi diez horas.
para rematar	*hier* noch dazu, auch das noch	
llover *(o → ue)*	regnen	En San José siempre ~[5].
esperar	*hier* warten (auf)	Los abuelos ~[6] a la familia de Alicante.
el beso	der Kuss	
el abrazo	die Umarmung	
la pregunta	die Frage	
mientras + verbo	während	Vosotros habláis ~ coméis.
ir *en taxi*	(mit dem) Taxi fahren	La familia ~[7] a casa.
el taxi	das Taxi	El ~ en Costa Rica no es caro.
descansar	sich erholen	La familia quiere ~.
el rato	die Weile	
No hay manera. fam.	Keine Chance.	

OP. 1

el/la vecino/-a	der/die Nachbar/in	Los ~[8] quieren saludar a la familia.
el/la español/a	der/die Spanier/in	
desde hace	seit	~ un rato Esteban está esperando.
hacer caso a alg.	beachten	La madre no ~[9] a su hijo.
abrir	öffnen	Esteban ~[10] la puerta.
ir en bici	Fahrrad fahren	– ¿Quieres ~? – Sí.
No te preocupes.	Mach dir keine Sorgen.	
ir a pie	zu Fuß gehen	– Yo prefiero ~.

el pie	der Fuß	
bailar	tanzen	Elena ~[11] muy bien.
meter un gol	ein Tor schießen	Sarah ~[12].
ganar	gewinnen	Sarah siempre ~[13].
a la derecha	rechts	Aquí ~ está Javi.
a la izquierda	links	La chica ~ es Elena.
tomar fotos	Fotos machen	Yo ~[14].

OPCIÓN 2: SALUDOS DESDE …

el saludo	der Gruß	
salir de vacaciones	verreisen *(in den Ferien)*	Los amigos de Javi ~[15].
no […] nunca	nie	Javi ~ sale ~ de vacaciones.
venir (e → ie)	kommen	Mis primos ~[16] a pasar el verano.
Asturias	Asturien *Region in Nordspanien*	Los primos de Javi viven en ~.
recibir	bekommen	Javi ~[17] un regalo.
la (tarjeta) postal	die Postkarte	Esteban escribe una ~.
Javilín	*Kosename für Javi*	
hasta ahora	bis jetzt	
fenomenal	toll, wunderbar	La semana ha sido ~.
el parque de atracciones	der Vergnügungspark	He ido al ~ de Madrid.
subir	einsteigen, besteigen, auf etw. klettern	
la montaña rusa	die Achterbahn	
¡Mola mogollón! fam.	Das ist (der) Hammer!	
desde hace	seit	
el gallego	Galicisch *Sprache*	Mis primos hablan ~.
no […] nada	nichts	Aquí ~ veo ~.
esta mañana	heute Morgen	~ he tenido clases.
la tabla (de surf)	das Surfbrett	He aprendido a subir a la ~.
Galicia	Galicien *Region in Nordwestspanien*	

OP. 2

Lo pasamos bomba. fam.	Wir haben viel Spaß.	En Costa Rica siempre ~.
en la montaña	in den Bergen	Hemos pasado unos días ~.
no […] nadie	niemand	En la montaña ~ hay casi ~.
el pájaro	der Vogel	
el mono	der Affe	Los ~[18] son muy divertidos.
hasta pronto	bis bald	
el volcán Arenal	der Vulkan Arenal	
el volcán	der Vulkan	Este ~ es muy activo.
Me lo paso genial. fam.	Ich habe sehr viel Spaß.	Con mis primos ~.
el valle del Alster	das Alstertal	
el valle	das Tal	***ing.:*** valley / Mi abuela vive en un ~.
el (parque) zoológico	der Zoo	
famoso/-a	berühmt	***ing.:*** famous
de antes	von früher	He charlado con mis compañeros ~.
todavía no	noch nicht	Elena ~ me ha escrito.
el beso	der Kuss	

OPCIÓN 3: UNA TORRE DE AMIGAS

la torre	der Turm	
la cabaña	die Hütte	La ~ es pequeña.
llorar	weinen	Julia tiene ganas de ~.
desde hace	seit	~ tres días estoy aquí.
el campamento	das Ferienlager	***ing.:*** camp / El ~ está lleno de chicos.
donde	wo	
la primera vez	das erste Mal	Es la ~ que estamos en tu casa.
lejos	weit	≠ cerca
No le van nada.	*hier* Sie kann sie gar nicht leiden.	
todo el día	der ganze Tag	Lina habla ~.
el inglés	Englisch *Sprache*	Ceci aprende ~ en el cole.
sino	sondern	Ceci no dice «hola», ~ «hello».
en vez de	anstatt	Ella dice thanks ~ gracias.
el acento	der Akzent	El ~ de Ceci es diferente.
aguantar	ertragen	Julia no ~[19] su acento.
pesado/-a	lästig	≠ simpático/-a
ir *de jefecillo/-a por ahí*	herumkommandieren	
dar *órdenes*	befehlen	Laura ~[20] todo el día.
la orden	der Befehl	***ing.:*** order
mandón/-ona	herrschsüchtig	
el/la compañero/-a	*hier* Mitbewohner/in	Las otras dos ~[21] son divertidas.
majo/-a	nett	= simpático/-a
abrir	öffnen	≠ cerrar
la bobada	die Dummheit	El campamento es una ~.
tímido/-a	schüchtern	Julia es ~[22].

OP. 3	*bailar*	tanzen	Ella no sabe ~.
	para rematar	*hier* noch dazu, auch das noch!	
	el juego	das Spiel	El ~ es una bobada.
	construir	bauen	Ellas tienen que ~ una torre.
	alto/-a	groß, hoch	La torre tiene que ser muy ~ [23].
	la torre más alta	der höchste Turm	
	el grupo	die Gruppe	
	bobo/-a	dumm	≠ inteligente
	el cartón	*hier* der Pappkarton	
	el periódico	die Zeitung	
	ganar	gewinnen	Julia quiere ~.
	a toda prisa	hastig	Ellas construyen la torre ~.
	todos/-as	alle	
	discutir	diskutieren	Las chicas ~ [24] todas a la vez.
	otro/-a	andere/r	
	cubrir	bedecken	Julia ~ [25] a Laura con periódicos.
	no [...] nunca	nie	Laura ~ va a hacer eso ~.
	sin embargo	trotzdem	
	lleno/-a de valor	*hier* mutig, tapfer	
	la solución	die Lösung	***ing.:*** solution
	súper fam.	super	La idea es ~ divertida.
	¡Manos a la obra!	An die Arbeit!	
	en menos de [...]	in weniger als [...]	~ media hora ella está lista.
	presentar	vorstellen	Las chicas ~ [26] la torre.
	orgulloso/-a	stolz	Ellas están ~ [27] de Julia.
	tan	so	

PARA COMUNICARSE

11

Du wünschst jemandem viel Spaß:	**¡Pásalo bien!**
Du sagst, dass du Spaß bei etwas hast:	**¡Lo paso bomba! / ¡Me lo paso genial!**
Du forderst jemanden auf, mitzumachen:	**¡Apúntate!**
Du sagst, was du gern tun würdest:	**¡A mí me gustaría (practicar surf)!**
Du sagst jemandem, dass er sich keine Sorgen machen muss:	**No te preocupes.**
Du sagst, dass etwas (der) „Hammer" ist:	**¡Mola mogollón!**
Du verabschiedest dich auf Galicisch:	**Ata loguiño.**
Du sagst, dass du jemanden nicht leiden kannst:	**Él / Ella no me va nada.**
Du sagst: „Fangen wir an! / An die Arbeit!":	**¡Manos a la obra!**

1 practican deporte/s 2 postres 3 alemana 4 turistas 5 llueve 6 esperan 7 va en taxi 8 vecinos 9 hace caso 10 abre 11 baila 12 mete un gol 13 gana 14 tomo fotos 15 salen de vacaciones 16 vienen 17 recibe 18 monos 19 aguanta 20 da órdenes 21 compañeras 22 tímida 23 alta 24 discuten 25 cubre 26 presentan 27 orgullosas

LISTA ALFABÉTICA

Bei blaugedruckten Verben handelt es sich um Verben, die unregelmäßig sind oder bei denen auf Besonderheiten zu achten ist.
Die farbigen Angaben hinter der Bedeutung zeigen, wo das Wort zum ersten Mal vorkommt:
1Ac heißt Unidad 1, ¡Acércate!; 1A steht für Unidad 1, Text A.
Grundschrift = obligatorischer Wortschatz ***kursiv*** = fakultativer Wortschatz

A

a *prep.* nach, zu, an 3A
a la derecha *adv.* rechts 11Op.1; ***a la izquierda*** *adv.* links 11Op.1
a la vez gleichzeitig 10A
a toda prisa hastig 11Op.3
a veces *adv.* manchmal 2A
a ver mal sehen 4A
el ***abrazo*** die Umarmung 11Op.1
abrir öffnen 11Op.1/Op.3
la **abuela** die Großmutter 4 Ac
el **abuelo** der Großvater 4Ac
los **abuelos** die Großeltern 4 Ac
aburrido/-a *adj.* langweilig 5A
la **academia de danza** die Tanzschule 2 A
el ***acento*** der Akzent 11Op.3
la **actividad** die Beschäftigung 4A
activo/-a *adj.* aktiv 8A
además *adv.* außerdem 2Ac
¡Adiós! Auf Wiedersehen! ¡Hola!
¿adónde? wohin? 7A
el ***aeropuerto*** der Flughafen 11Op.1
agosto August 11Ac
el **agua** *f.* das Wasser 5Ac
aguantar ertragen 11Op.3
ahora *adv.* jetzt 1Ac
al final *adv.* am Ende 6A
al lado de *adv.* neben 3Ac
alegre *adj.* fröhlich 8A
el **alemán** Deutsch 1A
alemán/-ana *adj.* deutsch/e 11Ac
Alemania Deutschland 1Ac
el **alfabeto** das Alphabet ¡Hola!
algo etwas 5A
allí *adv.* dort 2Ac
alto/-a *adj.* groß, hoch 11Op.3
el / la **alumno/-a** der / die Schüler/in ¡Hola!
amarillo/-a *adj.* gelb 9Ac
el / la **amigo/-a** der / die Freund/in 1A
el **animal** das Tier 6Ac
el **año** das Jahr 4A
antes *adv.* vorher, davor 7A
apenas *adv.* kaum 11Op.1
aprender lernen 2A
apuntar notieren, aufschreiben 7A
¡Apúntate! *hier* Mach mit! 11Ac
aquí *adv.* hier 1A
Aquí tiene. *hier* Bitte. *Beim Einkaufen* 10A
el **argumento** das Argument 10A
el **armario** der Schrank 3Ac
el ***arroz*** der Reis 10Ac
así *adv.* so 3A
la **asignatura** das Schulfach 8Ac
la ***asociación protectora de animales*** der Tierschutzverein 6Ac
atento/-a *adj.* aufmerksam 8A
la **avenida** die Allee 2A
la ***aventura*** das Abenteuer 11Ac
el ***avión*** das Flugzeug 11Op.1
el **azúcar** der Zucker 10A
azul *adj.* blau 9Ac

B

bailar tanzen 11Op.1/Op.3
el **baile** der Tanz 2A
el ***baloncesto*** der Basketball 11Ac
el ***balonmano*** der Handball 11Ac
el **baño** das Badezimmer 3A
barato/-a *adj.* billig 10A
el **barrio** das Stadtviertel 2A
¡Basta! Es reicht! 2A
bastante *adv.* ziemlich 10A
beber trinken 5A
Berlín Berlin 1A ej.
el ***beso*** der Kuss 11Op.1/Op.3
la **bicicleta** das Fahrrad; la **bici** *fam.* das Fahrrad 5A
bien *adv.* gut ¡Hola!
blanco/-a *adj.* weiss 9Ac
la ***bobada*** die Dummheit 11Op.3
bobo/-a *adj.* dumm 11Op.3
el **bocadillo** das belegte Brötchen 5Ac
el **boli** der Kuli ¡Hola!
bonito/-a *adj.* schön, hübsch 4A
la **botella** die Flasche 10A
el ***buceo*** das Tauchen 11Ac
bueno ok, gut 1Ac
bueno/-a *adj.* gut 8A
¡Buenos días! Guten Morgen!, Guten Tag! ¡Hola!
buscar suchen 3A

C

el **caballo** das Pferd 6Ac
la **cabaña** die Hütte 11Op.3
la **calle** die Straße 2Ac
el **calor** die Hitze 10A
la **cama** das Bett 3Ac
la **camisa** das Hemd 9Ac
la **camiseta** das T-Shirt 9Ac
el ***campamento*** das Ferienlager 11Ac
cansado/-a müde 8A
cantar singen 5A
el **caramelo** das Bonbon 5Ac
el **cariño** die Zärtlichkeit, Zuneigung, Liebe 6A
cariñoso/-a *adj.* liebevoll, zärtlich, zutraulich 6A
la **carne** das Fleisch 10A
caro/-a *adj.* teuer 10A
la **carpeta** die Mappe ¡Hola!
el **cartel** das Poster 3Ac
el ***cartón*** *hier* der Pappkarton 11Op.3

la **casa** das Haus 1A
casi *adv.* fast 3A
castaño/-a *adj.* braun *Haar- und Augenfarbe* 9A
el **castillo** das Schloss 2Ac
el **cedé** die CD 3A
cenar zu Abend essen 8A
el **centro** das Zentrum 2Ac
cerca *adv.* nah 2A
cerca de *adv.* in der Nähe von 3A
los ***cereales*** das Müsli 10Ac
cerrar (e/ie) schließen 7Ac
el **chándal** der Trainingsanzug 9Ac
la **chaqueta** die Jacke 3A
charlar plaudern, schwatzen 1A
chatear chatten 1A
el / la **chico/-a** der Junge, das Mädchen ¡Hola!
el **chiste** der Witz 8A
el **chocolate** die Schokolade 10A
el **cibercafé** das Internetcafé 2Ac
cien *adj.* hundert 10A
Ciencias de la Naturaleza Naturwissenschaften *Schulfach* 8Ac
el **cine** das Kino 2Ac
la **ciudad** die Stadt 2Ac
¡Claro que sí! Selbstverständlich!, Natürlich! 7Ac
¡Claro! Klar!, natürlich! 1A
la **clase** das Klassenzimmer, der Unterricht, die Unterrichtsstunde, die Klasse ¡Hola!
el ***coche*** das Auto 11Op.1
la **cocina** die Küche 3A
el **colegio** die Schule ¡Hola!; el **cole** *fam.* die Schule 1A
el **color** die Farbe 4A
comer essen 2A
el **cómic** der Comic 5A
la **comida** das Essen 8Ac
como *adv.* wie 3A
¿cómo? wie? ¡Hola!
el / la **compañero/-a** der / die Mitschüler/in, Lebensgefährte/in 1A/3A
la **competición** der Wettbewerb 11Ac
comprar kaufen 4A
comprender verstehen 6Ac
con *prep.* mit 1A
el **conejo** das Kaninchen 6Ac
el **conejo de Indias** das Meerschweinchen 6Ac
conmigo mit mir 7A
construir bauen 11Op.3
contar (o/ue) erzählen A8
contento/-a *adj.* zufrieden 8A
contestar (be)antworten 7A
contigo mit dir 7A
el coro Chor 7A
corto/-a *adj.* kurz 9Ac
la **cosa** die Sache 3A
creer glauben 2A
el cruasán das Croissant 10Ac
el **cuaderno** das Heft ¡Hola!
¿cuándo? wann? 7A
¿cuánto/-a? wie viel/e? 8Ac
cuatro *adj.* vier 4A
cubrir bedecken 11Op.3
cuidar aufpassen (auf), sorgen (für) 6A
el **cumpleaños** der Geburtstag 4A; **cumplir [...] (años) [...]** (Jahre alt) werden 4A
el ***curso*** der Kurs 11Ac

D

dar órdenes befehlen 11Op.3
¡Date prisa! Beeile dich! 9A
de von, aus, über 1Ac
de antes von früher 11Op.2
¿de dónde? woher? 1Ac
de manga corta kurzärmelig 9Ac; **de manga larga** langärmelig 9Ac
¿de qué? über was?, worüber? 4A
de repente *adv.* plötzlich 9A
de verdad *adv.* ehrlich, wirklich 7A
debajo de *adv.* unter 3A
los **deberes** die Hausaufgaben 4A
decir (e/i) sagen 9A
dejar lassen 5A
del [...] al [...] vom [...] bis zum [...] *Datum* 11Ac
delante (de) vor, davor 7A
el **deporte** der Sport 3Ac
deportista *adj.* sportlich 8A
desayunar frühstücken 8A
el **desayuno** das Frühstück 10Ac
descansar sich erholen 11Op.1
descubrir entdecken 2A
desde von [...] aus. 10A
desde la / las [...] hasta la / las [...] von/seit [...] bis [...] *Uhrzeit* 8Ac
desde hace *adv.* seit 11Op.1/ Op.3
después *adv.* danach, später 3A
después de + *sust.* nach + *Nomen* 6A
el **día** der Tag 6Ac
diferente *adj.* verschieden, anders 7Ac
difícil *adj.* schwer, schwierig 4A
¡Dígame!, ¡Dime! Ja?, Hallo? *am Telefon* 7A
el **dinero** das Geld 10A
discutir diskutieren 11Op.3
divertido/-a *adj.* lustig 5A
doce *adj.* zwölf 4A
el **domingo** der Sonntag 8Ac
donde *adv.* wo 11Op.3
¿dónde? wo? 2A
dos *adj.* zwei 4A
dulce *adj.* süß 10Ac
durante *prep.* während 8Ac
durar dauern 11Op.1
el **DVD** die DVD 5A

E

e *conj.* und *(vor / i / + / hi/)* 8Ac
Educación Física Sport *Schulfach* 8Ac
Educación Plástica y Visual Kunst *Schulfach* 8Ac
él er *(m. / Sg.)* 1Ac
el sábado am Samstag 4A
el / la der / die *(m./f. / Sg.)* ¡Hola!
elegante *adj.* elegant 9Ac
ella sie *(f. / Sg.)* 1Ac
ellos/-as sie *(m. / f. / Pl.)* 1A
el **e-mail** die E-Mail 2A
el **embutido** die Wurst 10Ac
empezar (e/ie) anfangen, beginnen 7A
en in, auf, an ¡Hola!
en casa *adv.* zu Hause 1A
en la montaña in den Bergen 11Op.2

en menos de […] in weniger als […] 11Op.3
en seguida *adv.* sofort 9A
en vez de anstatt 11Op.3
encima de *adv.* über 3Ac
encontrar (o/ue) finden 6A
enfrente de *adv.* gegenüber von 3Ac
la **ensaladilla rusa** *Kartoffelsalat mit Tunfisch und Erbsen* 5Ac
entonces *conj.* dann, also 6Ac/7A
la **entrada** die Eintrittskarte 4A
entrar hereinkommen 5A
entre *prep.* zwischen 3Ac
es que nämlich, eigentlich 7A
Es verdad. Stimmt. 4A
esa + *sust.* diese + *Nomen* da *(f./Sg.)* 9A
escribir schreiben 2A
el **escritorio** der Schreibtisch 3Ac
escuchar hören 3Ac
ese + *sust.* dieser + *Nomen* da *(m./Sg.)* 9A
eso das (da) 10A
esos + *sust.* diese + *Nomen* da *(m./Pl.)* 9A
España Spanien ¡Hola!
el **español** Spanisch ¡Hola!
el/la ***español/a*** der/die Spanier/in 11Op.1
esperar *hier* warten (auf) 11Op.1
la **esquina** die Ecke 2A
esta + *sust.* diese + *Nomen* *(f./Sg.)* 9A
ésta es das ist *(f./Sg.)* 2A
esta mañana heute Morgen 11Op.2
el **estadio** das Stadion 2A
estallar de risa *fam.* sich kaputtlachen 10A
la **estantería** das Regal 3Ac
estar sein, da sein 3A; **está bien** ok, in Ordnung 7A
estar cansado/-a (de) müde sein (von) 8A
estar de acuerdo einverstanden sein 10A
estar de moda modern sein 9A
estar harto/-a (de a/c) (etwas) satt haben 8A
estar listo/-a fertig sein 9A
este + *sust.* dieser + *Nomen* *(m./Sg.)* 9A
éste es das ist *(m./Sg.)* 3Ac
esto das (hier) 5Ac
estos + *sust.* diese + *Nomen* *(m./Pl.)* 9A
éstos son das sind *(m./Pl.)* 3Ac
el **estuche** das Mäppchen ¡Hola!
estudiar lernen 1A
estupendo/-a *adj.* wunderbar 4A
Ética Ethik *Schulfach* 8Ac
el **euro** der Euro ¡Hola!
el **examen** die Prüfung ¡Hola!
la ***excursión*** der Ausflug 11Ac

F

fácil *adj.* leicht 6A
la **falda** der Rock 9Ac
la **familia** die Familie 4Ac
famoso/-a *adj.* berühmt 11Op.2
fatal *adv.* schrecklich 1Ac
favorito/-a *adj.* Lieblings- 4A
feliz/felices *adj.* glücklich 5A
¡Feliz cumpleaños! Herzlichen Glückwunsch zum Geburtstag! 5A
fenomenal *adj.* toll, wunderbar 11Op.2
feo/-a *adj.* hässlich 9Ac
la **fiesta** die Party, das Fest 4A; la **fiesta de cumpleaños** die Geburtstagsparty 5A
el **fin de semana** das Wochenende 10Ac
la **foto** das Foto 5A
fresco/-a *adj.* frisch 10A
el ***frijol*** die Bohne 10Ac
la **fruta** die Frucht, das Obst 10Ac
el **fuego** das Feuer 9A; los **fuegos artificiales** das Feuerwerk 9A
el **fútbol** der Fußball *Sportart* 4A

G

las **gafas** die Brille 9A; las **gafas de sol** die Sonnenbrille 9A
Galicia Galicien 11Op.2
el ***gallego*** Galicisch *Sprache* 11Op.2
la ***galleta*** der Keks 10Ac
ganar gewinnen 11Op.3/Op.1
el **gato** die Katze 6Ac
genial *adv.* genial 3Ac
Geografía e Historia Geographie und Geschichte *Schulfach* 8Ac
el **globo** der Luftballon 5Ac
la **goma** der Radiergummi ¡Hola!
la **gorra** die Mütze 9Ac
¡Gracias! Danke! ¡Hola!
gracioso/-a *adj.* witzig 6Ac
el **gramo** das Gramm 10A
grande *adj.* groß 6Ac
la ***grasa*** das Fett 10A
el ***grupo*** die Gruppe 11Ac
guapo/-a *adj.* hübsch 9A
guay *adj.* toll 5A
la **guitarra** die Gitarre 4A
gustar gefallen 9A

H

la **habitación** das Zimmer 3Ac
hablar sprechen, reden 1A
hacer machen 7A; **Hace mucho calor.** Es ist sehr heiß. 10A; **hacer un trato** ein Abkommen schließen 7A
hacer caso a alg. beachten 11Op.1
el **hambre** der Hunger 5Ac
Hamburgo Hamburg 1Ac
la **hamburguesa** der Hamburger 10A
la **hamburguesería** *Geschäft, in dem Hamburger verkauft werden* 2A
el **hámster** der Hamster 6Ac
harto/-a *adj.* satt 8A
hasta *prep.* bis ¡Hola!
hasta ahora bis jetzt 11Op.2
hasta la/las […] bis um […] *Uhrzeit* 8Ac
¡Hasta luego! Bis dann! Bis nachher! ¡Hola!
¡Hasta mañana! Bis morgen! ¡Hola!
¡Hasta pronto! Bis bald! 11Op.2
hay *conj.* es gibt 2Ac
la **heladería** die Eisdiele 2Ac
el **helado** das Eis 2A

el / la **hermano/-a** der Bruder, die Schwester 1A
los **hermanos** die Geschwister 1A
el / la **hijo/-a** der Sohn, die Tochter 4Ac
los **hijos** die Kinder (Söhne und Töchter) 4Ac
la **historia** die Geschichte 5A
¡Hola! Hallo! ¡Hola!
la **hora** die Stunde, Uhrzeit 7Ac; la **hora de comer** die Essenszeit 3A
el **horario (de clase)** der Stundenplan 8Ac
la **horchata** *Erfrischungsgetränk aus Erdmandeln* 2A
el **hospital** das Krankenhaus 3A
el **hotel** das Hotel 1A
hoy *adv.* heute 6Ac
el ***huerto*** der Gemüsegarten 11Ac
el **huevo** das Ei 10Ac

I

la **idea** die Idee 1Ac
el **idioma** die Sprache 8A
Inglés Englisch *Schulfach* 8Ac
el ***inglés*** Englisch *Sprache* 11Op.3
inquieto/-a *adj.* lebhaft, unruhig 6Ac
inteligente *adj.* intelligent, klug 6Ac
interesante *adj.* interessant 4A
el **internet** das Internet 1A
ir (a) (voy) gehen (zu, nach) 7A; ***ir a pie*** zu Fuß gehen 11Op.1
la **invitación** die Einladung 4A
ir bien con gut passen zu 9A
ir a + *inf.* etwas tun werden 10A
ir de jefecillo/-a por ahí herumkommandieren 11Op.3
ir en bici Fahrrad fahren 11Op.1
ir en taxi (mit dem) Taxi fahren 11Op.1

J

el **jamón** der Schinken 5Ac
el **jersey** der Pullover 9Ac
el ***juego*** das Spiel 11Op.3
el **jueves** der Donnerstag 8Ac
jugar (u/ue) spielen 11Ac
julio Juli 11Ac
junio Juni 11Ac
juntos/-as *adj.* zusammen 3A

K

el **kilo** das Kilo ¡Hola!; **el cuarto de kilo (de)** das viertel Kilo 10A; **medio kilo (de)** halbes Kilo 10A
el **kiosco** der Kiosk 2Ac

L

la **lámpara** die Lampe 3Ac
el **lápiz de color** der Buntstift 4A
el **lápiz / los lápices** der Stift 4A
largo/-a *adj.* lang 9Ac
la **lata (de)** die Dose 10A
la **lavadora** die Waschmaschine 9A
la **leche** die Milch 10Ac
la **lechuga** der Kopfsalat 10A
leer lesen 2A
lejos *adv.* weit 11Op.3
Lengua y Literatura Sprache und Literatur (=Spanisch) *Schulfach* 8Ac
el **libro** das Buch ¡Hola!
la ***lista de la compra*** die Einkaufsliste 10A
listo/-a fertig 9A
el **litro (de)** der Liter 10A
llamar (an)rufen 7A
llegar (a) kommen 3A; **llegar a casa** nach Hause kommen 3A; **llegar tarde** zu spät kommen 7Ac
lleno/-a *adj.* voll 11Op.1
lleno/-a de valor *hier* mutig, tapfer 11Op.3
llevar *hier* tragen, hinfahren 9Ac/11Op.1; **llevar en coche** jemanden mit dem Auto hinfahren 11Op.1
llorar weinen 11Op.3
llover (o/ue) regnen 11Op.1
Lo pasamos bomba. Wir haben viel Spaß. 11Op.2
¡Lo siento! Es / Das tut mir leid! 7A
el **loro** der Papagei 6Ac
los / las die *(m./f. / Pl.)* 1A
los / las dos *adj.* beide 6A
luego *adv.* dann, nachher, danach ¡Hola!
el **lunes** der Montag 8Ac

M

la **macedonia** der Obstsalat 10A
la **madre** die Mutter 1A
majo/-a *adj.* nett 11Op.3
malo/-a *adj.* schlecht 8A
la **mamá** die Mama 1A
mañana *adv.* morgen ¡Hola!
la **mañana** der Morgen 7Ac
mandón/-ona *adj.* herrschsüchtig 11Op.3
la **mano** die Hand 9A
¡Manos a la obra! An die Arbeit! 11Op.3
la **mantequilla** die Butter 10Ac
la **manzana** der Apfel 10Ac
el **martes** der Dienstag 8Ac
más *adv.* mehr 2Ac
la **mascota** das Haustier 6Ac
Matemáticas Mathematik *Schulfach* 8Ac; **Mates** Mathe *Schulfach* 8A
el / la **médico/-a** der Arzt, die Ärztin 3A
el **melocotón** der Pfirsich 10Ac
el **melón** die Melone 10A
menos *adv.* weniger 3A
menos mal que zum Glück 10A
el **mercado** der Markt 10A
la **mermelada** die Marmelade 10Ac
el **mes** der Monat 11Ac
la **mesa** der Tisch ¡Hola!
meter un gol ein Tor schießen 11Op.1
mi mein/e *(m./f./n./Sg.)* 3Ac
el **miedo** die Angst 6Ac
mientras *conj.* während 11Op.1
el **miércoles** der Mittwoch 8Ac
el **minuto** die Minute 7Ac
mirar schauen 3A; **¡Mira!** Schau! 2Ac
la **mochila** der Rucksack ¡Hola!
¡Mola mogollón! Das ist (der) Hammer. 11Op.2; **Mola mucho.** Das ist (der) Hammer. *hier* Das sieht toll aus. 9A
el **momento** der Moment 7A

el *mono* der Affe 11Op.2
mono/-a *adj. fam.* niedlich, schön 9A
la **montaña** der Berg 8A
la ***montaña rusa*** die Achterbahn 11Op.2
montar a caballo reiten 11Ac
un **montón de** eine Menge 3A
el **móvil** das Handy 3A
muchas gracias vielen Dank 5A
mucho *adv.* viel 2Ac
mucho/-a *adj.* viel/e 10A
muchas gracias vielen Dank 5A
el **museo** das Museum 7A
la **música** die Musik 3Ac
muy *adv.* sehr ¡Hola!

N

nadar schwimmen 7A
la **naranja** die Orange 5Ac
necesitar brauchen, benötigen 3A
negro/-a *adj.* schwarz 9Ac
nervioso/-a *adj.* nervös 8A
¡Ni idea! Keine Ahnung! 1Ac
el/la **niño/-a** das Kind 5A
no *adv.* nein, nicht 1A
no [...] nada *adv.* nichts 11Op.2
no [...] nadie niemand 11Op.2
no [...] nunca *adv.* nie 11Op.2/Op.3
¡No importa! Macht nichts!, Egal! 5A
no faltes *etwa* Über dein Kommen würde ich mich freuen. 4A
no tener ni idea überhaupt keine Ahnung haben 4A
¿no? Nicht wahr? 1A
la **noche** der (späte)Abend 7Ac
el **nombre** der Name 8A
la **nota** die Note 8A
nuestro/-a unser/e *(m./f./n./Sg.)* 4A
nuevo/-a *adj.* neu 1A
el **número** die Zahl *hier* Telefonnummer 7A

O

o *conj.* oder 6A
odiar hassen 8A
el **ojo** das Auge 9A
once *adj.* elf 4A
la **Optativa** das Wahlfach *Schulfach* 8Ac
la ***orden*** der Befehl 11Op.3
el **ordenador** der Computer 3Ac
ordenar aufräumen 9A
organizar organisieren 10A
orgulloso/-a *adj.* stolz 11Op.3
otra vez *adv.* noch einmal *hier* schon wieder 3A
otro/-a *adj.* andere/r 11Op.3
¡oye! hey, hör mal 2A

P

el **padre** der Vater 1A
los **padres** die Eltern 2A
la **página web** die Webseite ¡Hola!
el ***pájaro*** der Vogel 11Op.2
la **palabra** das Wort 8A
el **pan** das Brot 10Ac
la **panadería** die Bäckerei 2Ac
los **pantalones** die Hose 9Ac
el **papá** der Papa 2A
el **paquete (de)** das Paket 10A
para *prep.* für 3Ac
para + *inf. prep.* um zu + *Inf.* 3Ac
para mí für mich 5Ac
para rematar *hier* noch dazu, auch das noch! 11Op.1/Op.3
para ti für dich 4A
la **pared** die Wand ¡Hola!
parlanchín/-ina *adj.* geschwätzig 8A
el ***parque de atracciones*** der Vergnügungspark 11Op.2
el **partido de fútbol** das Fußballspiel 7A
pasar verbringen *Zeit* 10A; **¡Pásalo bien!** *etwa Viel Spaß!* 11Ac
pasar (por) vorbeigehen 9A
pasear spazieren gehen 6A
el **pastel** der Kuchen, die Torte 4A
el **pastel de cumpleaños** der Geburtstagskuchen 4A
la **patata** die Kartoffel 5Ac
las **patatas fritas** die Pommes frites 10A
la **película** der Film 4A
peligroso/-a *adj.* gefährlich 6Ac
el **pelo** das Haar 9A
la **pelota** der Ball 3Ac
pensar (en) (i/ie) denken (an) 6A
pequeño/-a *adj.* klein 5A
la **pera** die Birne 10Ac
perdonar entschuldigen 5A
perfecto/-a *adj.* perfekt 10Ac
el ***periódico*** die Zeitung 11Op.3
el **periquito** der Wellensittich 6Ac
pero *conj.* aber 1A
perplejo/-a *adj.* perplex, ratlos 10A
el **perro** der Hund 6Ac
pesado/a *adj.* lästig 11Op.3
el **pez/los peces** der/die Fisch/Fische 6Ac
el ***pie*** der Fuß 11Op.1
la ***piña*** die Ananas 10A
la **piñata** *eine mit Süßigkeiten gefüllte Pappfigur* 4A
la **piscina** das Schwimmbad 7A
el **piso** die Wohnung 3A
la **pizarra** die Tafel ¡Hola!
el **plátano** die Banane 10Ac
el **plato** der Teller, *hier* das Gericht 10Ac
la **playa** der Strand 2Ac
la **plaza** der Platz 2A
la **pluma** der Füller ¡Hola!
poco/-a *adj.* wenig/e 10A; **poco a poco** nach und nach 2A; **un poco** ein bisschen 6Ac; **un poco de** ein bisschen 10A
poder (o/ue) können 6A
el **polideportivo** das Sportzentrum 7A
el **pollito** das Küken 6Ac
por (semana) *prep.* durch, pro 3A/11Ac
por ahí dort 9A
por aquí *hier* in der Nähe 2Ac
por ejemplo zum Beispiel 10Ac
por eso *conj.* deswegen 8A
por fa *fam.* bitte 7A
por favor bitte 3A
por fin *adv.* endlich 6A
por la mañana morgens 8A
por la noche nachts 8A
por la tarde nachmittags 7A
¿por qué? Warum? 4A

por supuesto *adv.* natürlich 2Ac

porque *conj.* weil 4A

la ***(tarjeta) postal*** die Postkarte 11Op.2

el ***postre*** der Nachtisch 11Ac

practicar deporte/s Sport machen 11Ac

practicar surf surfen 11Ac

preferir (e/ie) lieber wollen, vorziehen 5A

la ***pregunta*** die Frage 11Op.1

preguntar fragen 9A

preparar vorbereiten, zubereiten 4A

presentar vorstellen 11Op.3

la ***primera vez*** das erste Mal 11Op.3

primero *adv.* zuerst 7A

el / la **primo/-a** der / die Cousin/e 4Ac

el **problema** das Problem 4A

el / la **profesor/a** der / die Lehrer/in ¡Hola!; el / la **profe** *fam.* der / die Lehrer/in 10A

pronto bald 11Op.2

próximo/-a *adj.* nächste 10Ac

la **puerta** die Tür ¡Hola!

pues also 1Ac

pues no natürlich nicht 9A

pues sí doch, natürlich, ja 2A

Q

que der, die, das *Relativpron.* 10A

¿qué? was (für)? 2Ac

¡Qué + *adj.*! Wie + *Adj.*! 2A

¡Que aproveche! Guten Appetit! 5Ac

¡qué dices! Was sagst du da! 10A

¿Qué es [...]? Was ist [...]? 5Ac

¿Qué es esto? Was ist das? 5Ac

¿Qué hay allí? Was gibt es dort? 2Ac

¿Qué hay? Was gibt's? 7A

¿Qué hora es? Wie spät ist es? 7Ac

¿Qué más hay? Was gibt es noch? 2Ac

¡Qué palo! Wie lästig / doof! 8Ac

¿Qué pasa? Was ist los?, Was gibt's? 5A

¡Qué pena! Wie schade! 7A

¡Qué rico! Wie lecker! 2A

¿Qué tal + *sust.*? *adv.* Wie ist + *Nomen*? 1A

¿Qué tal? Wie geht's? ¡Hola!

¿Qué tomas? *etwa* Was möchtest du essen / trinken? 5Ac

quedar sich verabreden 7A

querer (e/ie) wollen, mögen 5A

el **queso** der Käse 5Ac

¿quién?, ¿quiénes? wer? 1Ac/2Ac

R

el ***rato*** die Weile 11Op.1

el **ratón** die Maus 6Ac

recibir bekommen 11Op.2

el **recreo** die Pause *Schule* 1A

el **regalo** das Geschenk 4A; el **regalo de cumpleaños** das Geburtstagsgeschenk A5

regular *adv.* mittelmäßig 1Ac

Religión Religion *Schulfach* 8Ac

el **reloj** die Uhr 7Ac

el **restaurante** das Restaurant 2Ac

la **revista** die Zeitschrift 2A

rico/-a lecker 2A

el **rincón** die Ecke 3Ac

el **rincón favorito** die Lieblingsecke 3Ac

el **río** der Fluss 8A

rojo/-a *adj.* rot 9Ac

la **ropa** die Kleidung 9A

S

el **sábado** der Samstag 4A

saber wissen, *auch* können 6A

¡Sal! (salir) Geh raus! 6A

la ***sala de lectura*** der Leseraum 11Ac

la ***sala de ordenadores*** der Computerraum 11Ac

salir (hin)ausgehen 6A

salir a pasear spazieren gehen A6

salir de vacaciones verreisen (in den Ferien) 11Op.2

el **salón** das Wohnzimmer 3A

saludar begrüßen 5A

el ***saludo*** der Gruß 11Op.2

el **sándwich** das Sandwich 5Ac

sano/-a *adj.* gesund 10Ac

Se dice [...] Man sagt [...] ¡Hola! ej.

Se escribe [...] Man schreibt es [...] ¡Hola! ej.

Se llama [...] Er / Sie / Es heißt [...] 1A

la **sed** der Durst 5Ac

seguro que sicherlich 3A

seis *adj.* sechs 4A

la **semana** die Woche 8Ac

ser sein 1A; **ser el fuerte de alg.** die Stärke von jdm. sein 8A

ser de sein / kommen aus 1A

ser muy amigos *hier* gut zusammenpassen 4A

sí *adv.* ja, doch 1Ac/3A

siempre *adv.* immer 1A

la **silla** der Stuhl ¡Hola!

el **sillón** der Sessel 3A

simpático/-a *adj.* sympathisch 8A

sin *prep.* ohne 9A

sin embargo trotzdem 11Op.3

sino *conj.* sondern 11Op.3

sobre *prep.* über 6Ac/8Ac

sobre todo vor allem 10A

el **sol** die Sonne 9A

sólo *adv.* nur 1A

solo/-a *adj.* allein 6A

la ***solución*** die Lösung 11Op.3

el **sombrero** der Hut 9A

su sein/e, ihr/e 3A/4A

subir einsteigen, besteigen, auf etw. klettern 11Op.2

el **suelo** der Boden 5A

súper *fam.* super 11Op.3

T

la ***tabla (de surf)*** das Surfbrett 11Op.2

también *adv.* auch 1A

tampoco *adv.* auch nicht 3A

tan *adv.* so 10A

tarde *adv.* spät, zu spät 3A

la **tarde** der Nachmittag 7Ac

el **taxi** das Taxi 11Op.1

Tecnología Technologie *Schulfach* 8Ac

la **tele** *umg.* der Fernseher 7Ac
el **teléfono** das Telefon 7A
temprano *adv.* früh 7Ac
tener (e/ie) haben 4A
tener [...] años [...] Jahre alt sein 4A
tener chispa pfiffig sein 8A
tener cuidado (con) aufpassen 5A; **¡Ten cuidado!** Pass auf! A5
tener frío frieren 9Ac
tener ganas (de) Lust haben (auf) 5A
tener hambre Hunger haben 5Ac
tener miedo (de) Angst haben vor 6Ac
tener prisa es eilig haben 9A
tener que müssen 6A
tener razón Recht haben 4A
tener sed Durst haben 5Ac
tener una idea eine Idee haben 4A
el ***tenis*** das Tennis 11Ac
el ***tenis de mesa*** das Tischtennis 11Ac
el **texto** der Text 10A
la **tía** die Tante 4Ac
el **tiempo** die Zeit 6A
el ***tiempo libre*** die Freizeit 11Ac
la **tienda** das Geschäft 2Ac
tímido/-a *adj.* schüchtern 11Op.3
el **tío** der Onkel 4Ac
típico/-a *adj.* typisch 10Ac
la **tiza** die Kreide ¡Hola!
tocar spielen *Instrument* 4A
todavía *adv.* noch (immer) 3A
todavía no noch nicht 11Op.2
todo *adv.* alles 5A
todo el día der ganzen Tag 11Op.3
todos los días jeden Tag 11Ac
todos/-as *pron.* alle 11Op.2/Op.3
tomar nehmen, essen/trinken 2A; **tomar fotos** Fotos machen 11Op.1; **tomar un helado** ein Eis essen 2A

el **tomate** die Tomate 10A
tonto/-a *adj.* dumm 6Ac
el ***torneo*** das Turnier 11Ac
la ***torre*** der Turm 11Op.3
la ***torrija*** *etwa* armer Ritter *Weißbrotscheiben in Ei und Milch getunkt und gebraten* 5Ac
la **tortilla (de patata)** das Kartoffelomelett 5Ac
la **tortuga** die Schildkröte 6Ac
la ***tostada*** der Toast 10Ac
trabajar arbeiten 1A
tranquilo/-a *adj.* ruhig 6Ac
el **trato** das Abkommen, Geschäft 7A
travieso/-a *adj.* keck, forsch, unartig 8A
tres *adj.* drei 4A
tu dein/e *(m./f./n./Sg.)* 3A
tú du ¡Hola!
Tú eres de [...] Du bist/kommst aus [...] 1Ac
el/la ***turista*** der/die Tourist/in 11Op.1
la **Tutoría** die Nachhilfe *Schulfach* 8Ac

U

un/una ein/eine *(m./f./Sg.)* 2Ac
uno/-a eine/r 6Ac
unos/-as ein paar 9A
la **uva** die Weintraube 10A

V

las ***vacaciones*** die Ferien 11Ac
vale *interj.* ok, gut 2A
el ***valle*** das Tal 11Op.2
¡Vamos a ver! Wir werden sehen! 6A
los **vaqueros** die Jeans 9Ac
el **vaso** das Glas 5A; el **vaso de agua** das Glas Wasser 5A
el/la ***vecino/-a*** der/die Nachbar/in 11Op.1
venir kommen 11Op.2
la **ventana** das Fenster ¡Hola!
ver sehen 2A
ver la tele fernsehen 7Ac
el ***verano*** der Sommer 11Ac
la **verdad** die Wahrheit 4A
¿verdad? Stimmt's?, Nicht wahr? 1Ac
verde *adj.* grün 9Ac
la **verdura** das Gemüse 10A
el **vestido** das Kleid 9Ac
viajar reisen 11Ac
el ***viaje*** die Reise 11Op.1
el **viernes** der Freitag 8Ac
visitar besuchen 6Ac
la **vitamina** das Vitamin 10A
vivir leben, wohnen 2A
el ***volcán*** der Vulkan 11Op.2
el **voleibol** das Volleyball *Sportart* 8A
volver (a) (o/ue) zurückkommen (nach) 6A
volver a casa nach Hause kommen 6A
vuestro/-a euer/-re *(m./f./n./Sg.)* 4A

Y

y *conj.* und ¡Hola!
ya *adv.* schon 3A
¡Ya está! *etwa* Fertig! 5A
Ya lo sé. Ich weiss es schon. 6A
yo ich 1Ac

Z

las **zapatillas (de deporte)** die Turnschuhe 9Ac
el **zapato** der Schuh 9Ac
el ***(parque) zoológico*** der Zoo 11Op.2
el **zumo** der Saft 5Ac
el **zumo de naranja** der Orangensaft 5Ac

DEUTSCH-SPANISCHES WÖRTERBUCH

Hier findest du alle Wörter, die du in ¡Apúntate! 1 lernst.
Bei blaugedruckten Verben handelt es sich um Verben, die unregelmäßig sind oder bei denen auf orthografische Besonderheiten zu achten ist.
Grundschrift = obligatorischer Wortschatz *kursiv* = fakultativer Wortschatz

A

Abend (spät) la noche 7Ac
Abendessen cenar 8A
Abenteuer *la aventura* 11Ac
aber pero *conj.* 1A
Abkommen el trato 7A; **ein Abkommen schließen** hacer un trato 7A
ach Mensch! ¡ay no! 3A
Achterbahn *la montaña rusa* 11Op.2
Affe *el mono* 11Op.2
aktiv activo/-a *adj.* 8A
Akzent *el acento* 11Op.3
alle *todos/-as* 11Op.2/11Op.3
Allee la avenida 2A
allein solo/-a *adj.* 6A
alles todo *adv.* 5A
Alphabet el alfabeto ¡Hola!
also pues 1Ac
am Ende al final *adv.* 6A
am Samstag el sábado 4A
an en, a *prep.* ¡Hola!/3A
An die Arbeit! *¡Manos a la obra!* 11Op.3
Ananas *la piña* 10A
andere/r *otro/-a adj.* 11Op.3
anfangen empezar (e/ie) 7A
Angst el miedo 6Ac
Angst haben vor tener miedo (de) 6Ac
anrufen llamar 7A
anstatt *en vez de* 11Op.3
antworten contestar 7A
Apfel la manzana 10Ac
arbeiten trabajar 1A
Argument el argumento 10A
Arzt el médico; **Ärztin** la médica 3A
auch también *adv.* 1A
auch nicht tampoco *adv.* 3A
Auf Wiedersehen! ¡Adiós! ¡Hola!
auf en *prep.* ¡Hola!
aufmerksam atento/-a adj. 8A
aufpassen tener cuidado (con) 5A
aufpassen (auf) cuidar 6A
aufräumen ordenar 9A
aufschreiben apuntar 7A
Auge el ojo 9A
August *agosto* 11Ac
aus de *prep.* 1Ac
Ausflug *la excursión* 11Ac
ausführen (jdn) pasear a 6A
außerdem además *adv.* 2Ac
Auto *el coche* 11Op.1; **jemanden mit dem Auto hinfahren** *llevar en coche* 11Op.1

B

Bäckerei la panadería 2Ac
Badezimmer el baño 3A
bald pronto 11Op.2
Ball la pelota 3Ac
Banane el plátano 10Ac
Basketball *el baloncesto* 11Ac
bauen *construir* 11Op.3
beachten *hacer caso a alg.* 11Op.1
beantworten contestar 7A
bedecken *cubrir* 11Op.3
Beeile dich! ¡Date prisa! 9A
Befehl *la orden* 11Op.3
befehlen *dar órdenes* 11Op.3
begrüßen saludar 5A
beide los / las dos *adj.* 6A
bekommen *recibir* 11Op.2
belegtes Brötchen el bocadillo 5Ac
Berg la montaña 8A
Berlin *Berlín* 1A ej.
berühmt *famoso/-a adj.* 11Op.2
Beschäftigung la actividad 4A
besuchen visitar 6Ac
Bett la cama 3Ac
billig barato/-a *adj.* 10A
Birne la pera 10Ac
bis hasta *prep.* ¡Hola!
bis bald *hasta pronto* 11Op.2
bis jetzt *hasta ahora* 11Op.2
Bis morgen! ¡Hasta mañana! ¡Hola!
Bis nachher! ¡Hasta luego! ¡Hola!
bis um […] *Uhrzeit* hasta la / las […] 8Ac; **Bis wann / wieviel Uhr?** ¿hasta qué hora? 8Ac
ein bisschen un poco *adv.* 6Ac
ein bisschen un poco de *adv.* 10A
bitte por favor 3A; *fam.* por fa 7A; Aquí tiene *Beim Einkaufen* 10A
blau azul *adj.* 9Ac
Bleistift el lápiz / los lápices 4A
Boden el suelo 5A
Bohne *el frijol* 10Ac
Bonbon *el caramelo* 5A
brauchen necesitar 3A
braun *Haar- und Augenfarbe* castaño/-a *adj.* 9A
Brille las gafas 9A
Brot el pan 10Ac
Bruder el hermano 1A
Buch el libro ¡Hola!
Buntstift el lápiz de color 4A
Butter la mantequilla 10Ac

C

CD el cedé 3A
chatten chatear 1A
Chor el coro 7A
Computer el ordenador 3Ac
Computerraum *la sala de ordenadores* 11Ac
Cousin/e el / la primo/-a 4Ac
Croissant el cruasán 10Ac

D

danach luego *adv.* ¡Hola!; después *adv.* 3A
Danke! ¡Gracias! ¡Hola!
dann luego *adv.* ¡Hola!; *entonces conj.* 6Ac/7A
das (da) eso 10A
das (hier) esto 5Ac
das erste Mal *la primera vez* 11Op.3
das ist ésta es, éste es 2A/3Ac; **das sind** éstas son, éstos son 2A/3Ac
Das ist (der) Hammer. Mola mucho. *Mola mogollón.* 9A/11Op.2
Das macht 8 Euro und 75 Cent. Son 8 euros con 75. 10A
Das weiss ich nicht. Ya lo sé. 6A
dauern *durar* 11Op.1
dein/e *(m./f./n./Sg.)* tu 3A

denken (an) pensar (en) (e/ie) 6A
der, die, das *Relativpron.* que 10A
der / die *(m./f. / Sg.)* el / la ¡Hola!
deswegen por eso *conj.* 8A
Deutsch el alemán 1A
deutsch/e *alemán/-ana adj.* 11Ac
Deutschland Alemania 1Ac
die *(m./f. / Pl.)* los / las 1A
die Stärke von jdm. sein ser el fuerte de alg. 8A
Dienstag el martes 8Ac
dieser/diese + *Nomen* (hier) *(Sg.)* este/-a + *sust.* 9A; diese + *Nomen* (hier) *(Pl.)* estos/-as + *sust.* 9A
dieser/diese + *Nomen* + da *(Sg.)* ese/-a + *sust.* 9A; diese + *Nomen* + da *(Pl.)* esos/-as + *sust.* 9A
diskutieren *discutir* 11Op.3
doch sí, pues sí 2 A/3A
Donnerstag el jueves 8Ac
dort allí, por ahí *adv.* 2 Ac/9A
Dose la lata (de) 10A
drei tres *adj.* 4A
Du bist / kommst aus [...] Tú eres de [...] 1 Ac
dumm tonto/-a 6Ac; *bobo/-a adj.* 11Op.3
Dummheit *la bobada* 11Op.3
durch por *prep.* 3A
Durst la sed 5Ac; Durst haben tener sed 5Ac
DVD el DVD 5A

E

Ecke *Haus oder Straße* la esquina 2A; *Zimmer* el rincón 3Ac
Egal! ¡No importa! 5A
Ei el huevo 10Ac
ein / eine *(m./f. / Sg.)* un / una 2Ac
eine/r uno/-a 6Ac
Einkaufsliste *la lista de la compra* 10A
Einladung *la invitación* 4A
einsteigen *subir* 11Op.2
Eintrittskarte la entrada 4A
einverstanden sein estar de acuerdo 10A
Eis el helado 2A; ein Eis essen tomar un helado 2A
Eisdiele la heladería 2Ac
elegant elegante *adj.* 9Ac
elf once *adj.* 4A
Eltern los padres 2A
E-Mail el e-mail 2A
endlich por fin *adv.* 6A
Englisch *Schulfach* Inglés 8Ac
Englisch *Sprache el inglés* 11Op.3
entdecken descubrir 2A
entschuldigen perdonar 5A
er él 1Ac
Er/Sie / Es heißt [...] Se llama [...] 1A
erzählen contar (o/ue) 8A
es eilig haben tener prisa 9A
es gibt hay 2Ac
Es ist [...] nach [...]. *Uhrzeit* Es la / Son las [...] y [...]. 7Ac
Es ist [...] Uhr. *Uhrzeit* Es la / Son las [...]. 7Ac
Es ist [...] vor [...]. *Uhrzeit* Es la / Son las [...] menos [...]. 7Ac
Es ist halb [...]. *Uhrzeit* Es la / Son las [...] y media. 7Ac
Es ist sehr heiß. Hace mucho calor. 10A
Es ist Viertel nach [...]. *Uhrzeit* Es la / Son las [...] y cuarto. 7Ac
Es ist Viertel vor [...]. *Uhrzeit* Es la / Son las [...] menos cuarto. 7Ac
Es reicht! ¡Basta! 2A
Es / Das tut mir leid! ¡Lo siento! 7A
essen comer 2A
Essen la comida 8Ac
essen / trinken tomar 2A
Essenszeit la hora de comer 3A
Ethik *Schulfach* Ética 8Ac
etwas algo 5A
etwas tun werden ir a inf. (voy) 10A
euer/-re vuestro/-a 4A
Euro el euro ¡Hola!

F

Fahrrad la bicicleta; *fam.* la bici 5A; Fahrad fahren *ir en bici* 11Op.1
Familie la familia 4Ac
Farbe el color 4A
fast casi *adv.* 3A
Fenster la ventana ¡Hola!
Ferien *las vacaciones* 11Ac
Ferienlager *el campamento* 11Ac
fernsehen ver la tele 7Ac
Fernseher *fam.* la tele 7Ac
fertig listo/-a *adj.* 9A
fertig sein estar listo/-a 9A
Fertig! *etwa* ¡Ya está! 5A
Fett *la grasa* 10A
Feuer el fuego 9A; Feuerwerk los fuegos artificiales 9A
Film la película 4A
finden encontrar (o/ue) 6A
Fisch / Fische *el pez / los peces* 6Ac
Flasche la botella (de) 10A
Fleisch la carne 10A
Flughafen *el aeropuerto* 11Op.1
Flugzeug *el avión* 11Op.1
Fluss el río 8A
forsch travieso/-a *adj.* 8A
Foto la foto 5A; Fotos machen *tomar fotos* 11Op.1
Frage *la pregunta* 11Op.1
fragen preguntar 9A
Freitag el viernes 8Ac
Freizeit *el tiempo libre* 11Ac
Freund/in el / la amigo/-a 1A
frieren tener frío 9Ac
frisch fresco/-a *adj.* 10A
fröhlich alegre *adj.* 8A
Frucht la fruta 10Ac
früh temprano *adv.* 7Ac
Frühstück el desayuno 10Ac
frühstücken desayunar 8A
Füller la pluma ¡Hola!
für para *prep.* 3Ac; für dich para ti 4A; für mich para mí 5Ac
Fuß *el pie* 11Op.1
Fußball *Sportart* el fútbol 4A
Fußballspiel el partido de fútbol 7A

G

Galicien *Galicia* 11Op.2
Galicisch *Sprache el gallego* 11Op.2
Geburtstag el cumpleaños 4A
Geburtstagsgeschenk el regalo de cumpleaños 5A
Geburtstagsparty la fiesta de cumpleaños 5A
Geburtstagstorte el pastel de cumpleaños 4A
gefährlich peligroso/-a *adj.* 6Ac
gefallen gustar 9A
gegenüber von enfrente de *adv.* 3Ac
gehen (zu, nach) ir (a) 7A
gelb amarillo/-a *adj.* 9Ac
Geld el dinero 10A
Gemüse la verdura 10A
Gemüsegarten *el huerto* 11Ac
genial genial *adv.* 3Ac
Geographie und Geschichte *Schulfach* Geografía e Historia 8Ac
Gericht *hier* el plato 10Ac
Geschäft la tienda 2Ac

Geschenk el regalo 4A
Geschichte la historia 5A
Geschichtsbuch el libro de historia 5A
geschwätzig parlanchín/-ina *adj.* 8A
Geschwister los hermanos 1A
gesund sano/-a *adj.* 10Ac
gewinnen *ganar* 11Op.1/Op.3
Gitarre la guitarra 4A; **Gitarre spielen** tocar la guitarra 4A
Glas el vaso 5A; **Glas Wasser** el vaso de agua 5A
glauben creer 2A
gleichzeitig a la vez 10A
glücklich feliz *adj.* 5A
Gramm el gramo 10A
groß grande, *alto/-a adj.* 6Ac/11Op.3
Großeltern los abuelos 4Ac
Großmutter la abuela 4Ac
Großvater el abuelo 4Ac
grün verde *adj.* 9Ac
Gruppe *el grupo* 11Ac/11Op.3
Gruß *el saludo* 11Op.2
gut bien *adv.* ¡Hola!; ok 1Ac; bueno/-a *adj.* 8A
gut passen zu ir bien con 9A
gut zusammenpassen *hier* ser muy amigos 4A
Guten Appetit! ¡Que aproveche! 5Ac
Guten Morgen! ¡Buenos días! ¡Hola!
Guten Tag! ¡Buenos días! ¡Hola!

H

Haar el pelo 9A
haben tener (e/ie) 4A
Hallo! ¡Hola! ¡Hola!
Hamburg Hamburgo 1Ac
Hamburger la hamburguesa 10A
Hamster el hámster 6Ac
Hand la mano 9A
Handball *el balonmano* 11Ac
Handy el móvil 3A
hassen odiar 8A
hässlich feo/-a *adj.* 9Ac
hastig *a toda prisa* 11Op.3
Haus la casa 1A
Hausaufgaben los deberes 4A
Haustier la mascota 6Ac
Heft el cuaderno ¡Hola!
Hemd la camisa 9Ac
herausgehen salir 6A
hereinkommen entrar 5A
herrschsüchtig *mandón/-ona adj.* 11Op.3
herumkommandieren *ir de jefecillo/-a por ahí* 11Op.3
heute hoy *adv.* 6Ac
heute Morgen *esta mañana* 11Op.2
hier aquí *adv.* 1A
hier in der Nähe por aquí 2Ac
hinausgehen salir 6A
hinfahren *hier llevar* 11Op.1
die Hitze el calor 10A
hoch *alto/-a adj.* 11Op.3
hör mal ¡oye! 2A
hören escuchar 3Ac
Hose los pantalones 9Ac
Hotel el hotel 1A
hübsch guapo/-a *adj.* 9A
Hund el perro 6Ac
hundert cien *adj.* 10A
Hunger el hambre; **Hunger haben** tener hambre 5Ac
Hut el sombrero 9A
Hütte la cabaña 11Op.3

I

ich yo 1Ac
ich weiß nicht no sé 2Ac
Idee la idea 1Ac; **eine Idee haben** tener una idea 4A
ihr *(m./f./Pl.)* vosotros/-as 1A
ihr/e su 3A
im Internet por internet 1A
immer siempre *adv.* 1A
in en *prep.* ¡Hola!
in den Bergen *en la montaña* 11Op.2
in der Nähe von cerca de *adv.* 3A
in Ordnung está bien 7A
intelligent inteligente *adj.* 6Ac
interessant interesante *adj.* 4A
Internet el internet 1A
Internetcafé el cibercafé 2Ac

J

ja sí *adv.* 1Ac
Ja?, Hallo? *am Telefon* ¡Dígame!, ¡Dime! 7A
Jacke la chaqueta 3A
Jahr el año 4A
[…] Jahre alt sein tener […] años 4A
Jeans los vaqueros 9Ac
jetzt ahora *adv.* 1Ac
Juli *julio* 11Ac
Junge el chico ¡Hola!
Juni *junio* 11Ac

K

Kaninchen el conejo 6Ac
Kartoffel la patata 5Ac
Kartoffelomelett la tortilla (de patata) 5Ac
Käse el queso 5Ac
Käsebrötchen el bocadillo de queso 5Ac
Katze el gato 6Ac
kaufen comprar 4A
kaum *apenas adv.* 11Op.1
keck travieso/-a *adj.* 8A
Keine Ahnung! ¡Ni idea! 1Ac
Keine Chance. *No hay manera.* 11Op.1
Keks *la galleta* 10Ac
Kilo el kilo ¡Hola!; **halbes Kilo** el medio kilo (de) 10A; **viertel Kilo** el cuarto de kilo (de) 10A
Kind el / la niño/-a 5A
Kinder (Söhne und Töchter) los hijos 4Ac
Kino el cine 2Ac
Kiosk el kiosco 2Ac
Klar! ¡Claro! 1A
Klasse la clase ¡Hola!
Klassenzimmer la clase ¡Hola!
Kleid el vestido 9Ac
Kleidung la ropa 9A
klein pequeño/-a *adj.* 5A
klug inteligente *adj.* 6Ac
Komm(t) essen! ¡A comer! 3A
kommen llegar (a) 3A; venir 11Op.2
kommen aus ser de 1A
können poder (o/ue) 6A
Kopfsalat la lechuga 10A
Krankenhaus el hospital 3A
Kreide la tiza ¡Hola!
Küche la cocina 3A
Kuchen el pastel 4A
Küken el pollito 6Ac
Kuli *fam.* el boli ¡Hola!
Kunst *Schulfach* Educación plástica y visual 8Ac
Kurs *el curso* 11Ac
kurz corto/-a *adj.* 9Ac
kurzärmelig de manga corta 9Ac
Kuss *el beso* 11Op.1/Op.2

L

Lampe la lámpara 3Ac
lang largo/-a *adj.* 9Ac
langärmelig de manga larga 9Ac
langweilig aburrido/-a *adj.* 5A
lassen dejar 5A
lästig *pesado/-a adj.* 11Op.3
lecker rico/-a 2A
leben vivir 2A
Lebensgefährte/-in el/la compañero/-a 3A
lebhaft inquieto/-a *adj.* 6Ac
Lehrer/-in el/la profesor/a, *fam.* el/la profe ¡Hola!/10A
leicht fácil *adj.* 6A
lernen estudiar 1A; aprender 2A
lesen leer 2A
Leseraum *la sala de lectura* 11Ac
lieber wollen preferir (e/ie) 5A
liebevoll cariñoso/-a *adj.* 6A
Lieblings- favorito/-a *adj.* 4A
Lieblingsecke el rincón favorito 3Ac
links *a la izquierda adv.* 11Op.1
Liter el litro (de) 10A
Lösung *la solución* 11Op.3
Luftballon *el globo* 5Ac
Lust haben (auf) *tener ganas (de)* 5A
lustig divertido/-a *adj.* 5A

M

Mach mit! *hier ¡Apúntate!* 11Ac
machen hacer 7A
Macht nichts! ¡No importa! 5A
Mädchen la chica ¡Hola!
mal sehen a ver 4A
Mama la mamá 1A
Man sagt […] *Se dice […]* ¡Hola! ej.
Man schreibt es […] *Se escribe […]* ¡Hola! ej.
manchmal a veces *adv.* 2A
Mäppchen el estuche ¡Hola!
Mappe la carpeta ¡Hola!
Markt el mercado 10A
Marmelade la mermelada 10Ac
Mathematik *Schulfach* Matemáticas 8Ac; *fam.* Mates 8A
Maus *el ratón* 6Ac
Meerschweinchen el conejo de Indias 6Ac
mehr más *adv.* 2Ac
mein/e *(m./f./n./Sg.)* mi 3Ac
Melone el melón 10A

eine Menge un montón de 3A
Mensch! ¡ay! 3A
Milch la leche 10Ac
Milchtüte *el cartón* 11Op.3
Minute el minuto 7Ac
mit con *prep.* 1A
Mitbewohner/in *el/la compañero/-a* 11Op.3
Mitschüler/in el/la compañero/-a 1A
Mittagszeit la hora de comer 8A
mittelmäßig regular *adv.* 1Ac
Mittwoch el miércoles 8Ac
modern sein estar de moda 9A
mögen querer (e/ie)5A
Moment el momento 7A
Monat el mes 11Ac
Montag el lunes 8Ac
morgen mañana *adv.* ¡Hola!
Morgen la mañana 7Ac
morgens por la mañana 8A
müde cansado/-a *adj.* 8A
müde sein (von) estar cansado/-a (de) 8A
Museum el museo 7A
Musik la música 3Ac
Müsli *los cereales* 10Ac
müssen tener que 6A
mutig *hier lleno/-a de valor* 11Op.3
Mutter la madre 1A
Mütze la gorra 9Ac

N

nach a *prep.* 3A
nach + *Nomen* después de + *sust. prep.* 6 A
nach Hause kommen llegar a casa, volver a casa (o/ue) 3A/6A
nach und nach poco a poco 2A
Nachbar/in *el/la vecino/-a* 11Op.1
nachher luego *adv.* ¡Hola!
Nachhilfe *Schulfach* la Tutoría 8Ac
Nachmittag la tarde 7Ac
nachmittags por la tarde 7A
nächste próximo/-a *adj.* 10Ac
Nacht la noche 7Ac
Nachtisch *el postre* 11Ac
nachts por la noche 8A
nah cerca *adv.* 2A
Name el nombre 8A
nämlich es que 7A
natürlich por supuesto *adv.* 2Ac
natürlich nicht pues no 9A
Natürlich! ¡Claro! 1A

Naturwissenschaften *Schulfach* Ciencias de la naturaleza 8Ac
neben al lado de *adv.* 3Ac
nehmen tomar 2A
nein no *adv.* 1A
nervös nervioso/-a *adj.* 8A
nett *majo/-a adj.* 11Op.3
neu nuevo/-a *adj.* 1A
nicht no *adv.* 1A
Nicht wahr? ¿no?, ¿verdad? 1A/Ac
nichts *no […] nada adv.* 11Op.2
nie *no […] nunca adv.* 11Op.2/Op.3
niedlich *umg. mono/-a adj.* 9A
niemand *no […] nadie* 11Op.2
noch (immer) todavía *adv.* 3A
noch einmal otra vez 3A
noch dazu, auch das noch! *hier para rematar* 11Op.1/11Op.3
noch nicht *todavía no* 11Op.2
Note la nota 8A
notieren apuntar 7A
nur sólo *adv.* 1A

O

Obst la fruta 10Ac
Obstsalat la macedonia 10A
oder o *conj.* 6A
Oder etwa nicht? ¿o no? 10A
öffnen *abrir* 11Op.1/11Op.3
ohne sin *prep.* 9A
ok vale 2A
Onkel el tío 4Ac
Orange la naranja 5Ac
Orangensaft el zumo de naranja 5Ac
organisieren organizar 10A

P

ein Paar unos/-as 9A
Paket el paquete (de) 10A
Papa el papá 2A
Papagei *el loro* 6Ac
Party la fiesta 4A
Pause *Schule* el recreo 1A
perfekt perfecto/-a *adj.* 10Ac
Pferd el caballo 6Ac
pfiffig sein tener chispa 8A
Pfirsich el melocotón 10Ac
Platz la plaza 2A
plaudern charlar 1A
plötzlich de repente *adv.* 9A
Pommes frites las patatas fritas 10A
Poster el cartel 3Ac
Postkarte *la (tarjeta) postal* 11Op.2

pro (Woche) *por (semana) prep.* 11Ac
Problem el problema 4A
Prüfung el examen ¡Hola!
Pullover el jersey 9Ac

R

Radiergummi la goma ¡Hola!
ratlos perplejo/-a *adj.* 10A
Recht haben tener razón 4A
rechts *a la derecha adv.* 11Op.1
reden hablar 1A
Regal la estantería 3Ac
regnen *llover (o/ue)* 11Op.1
Reis *el arroz* 10Ac
Reise *el viaje* 11Op.1
reisen *viajar* 11Ac
reiten *montar a caballo* 11Ac
Religion *Schulfach* Religión 8Ac
Restaurant el restaurante 2Ac
Rock la falda 9Ac
rot rojo/-a *adj.* 9Ac
Rucksack la mochila ¡Hola!
rufen llamar 7 A
ruhig tranquilo/-a *adj.* 6Ac

S

Sache la cosa 3A
Saft el zumo 5Ac
sagen decir (e/i) 9A
Samstag el sábado 4A
Sandwich el sándwich 5Ac
satt harto/-a *adj.* 8A; **etwas satt haben** estar harto/-a (de a/c) 8A
Schau! ¡Mira! 2Ac
Schildkröte la tortuga 6Ac
Schinken el jamón 5Ac
schlecht malo/-a *adj.* 8A
schließen cerrar (e/ie) 7Ac
Schloss el castillo 2Ac
Schokolade el chocolate 10A
schon ya *adv.* 3A
schön bonito/-a *adj.* 4A
schon wieder otra vez *adv.* 3A
Schrank el armario 3Ac
schrecklich fatal *adv.* 1Ac
schreiben escribir 2A
Schreibtisch el escritorio 3Ac
schüchtern *tímido/-a adj.* 11Op.3
Schuh el zapato 9Ac
Schule el colegio, *fam.* el cole ¡Hola!/1A
Schüler/in el/la alumno/-a ¡Hola!
Schulfach la asignatura 8Ac
schwarz negro/-a *adj.* 9Ac
schwer difícil *adj.* 4A
Schwester la hermana 1A
schwierig difícil *adj.* 4A
Schwimmbad la piscina 7A
schwimmen nadar 7A
sechs seis *adj.* 4A
sehen ver 2A
sehr muy *adv.* ¡Hola!
sein ser 1A; **da sein** estar 3A
sein/e su 3A
seit *desde hace adv.* 11Op.1/Op.2/Op.3
Selbstverständlich! ¡Claro que sí! 7Ac
Sessel el sillón 3A
sich erholen *descansar* 11Op.1
sich kaputtlachen *fam.* estallar de risa 10A
sich verabreden quedar 7A
sicherlich seguro que 3A
sie ella, ellos/-as 1Ac
singen cantar 5A
so así, tan *adv.* 3A/10A
sofort en seguida *adv.* 9A
Sohn el hijo 4Ac
Sommer *el verano* 11Ac
sondern *sino conj.* 11Op.3
Sonne el sol 9A
Sonnenbrille las gafas de sol 9A
Sonntag el domingo 8Ac
sorgen (für) cuidar 6A
Spanien España ¡Hola!
Spanier/in *el/la español/a* 11Op.1
Spanisch el español ¡Hola!
spät tarde *adv.* 3A
später después *adv.* 3A
spazieren gehen pasear, salir a pasear 6A
Spiel *el juego* 11Op.3
spielen *jugar (u/ue)* 11Ac
spielen *Instrument* tocar 4A
Sport el deporte 3Ac; **Sport machen** practicar deporte/s 11Ac
Sport *Schulfach* Educación física 8Ac
sportlich deportista *adj.* 8A
Sportzentrum el polideportivo 7A
Sprache el idioma 8A
Sprache und Literatur (=Spanisch) *Schulfach* Lengua y Literatura 8Ac
sprechen hablar 1A
Stadion el estadio 2A
Stadt la ciudad 2Ac
Stadtviertel el barrio 2A
Stift el lápiz/los lápices 4A
Stimmt. Es verdad. 4A
stolz *orgulloso/-a adj.* 11Op.3
Strand la playa 2Ac
Straße la calle 2Ac
Stuhl la silla ¡Hola!
Stunde la hora 7Ac
Stundenplan el horario (de clase) 8Ac
suchen buscar 3A
super *fam. súper adv.* 11Op.1/Op.2/Op.3
Surfbrett *la tabla (de surf)* 11Op.2
surfen *practicar surf* 11Ac
süß dulce *adj.* 10Ac
sympathisch simpático/-a *adj.* 8A

T

Tafel la pizarra ¡Hola!
Tag el día 6Ac; **jeden Tag** todos los días 11Ac; **den ganzen Tag** todo el día 11Op.3
Tal *el valle* 11Op.2
Tante la tía 4Ac
Tanz el baile 2A
tanzen *bailar* 11Op.1/11 Op.3
Tanzschule la academia de danza 2A
tapfer *hier lleno/-a de valor* 11Op.3
Tauchen *el buceo* 11 Ac
Taxi el taxi 11 Op.1; **mit dem Taxi fahren** ir en taxi 11Op.1
Technologie *Schulfach* Tecnología 8Ac
Telefon el teléfono 7A
Telefonnummer el número 7A
Teller el plato 10A
Tennis *el tenis* 11Ac
teuer caro/-a *adj.* 10A
Text el texto 10A
Tier el animal 6Ac
Tierschutzverein *la asociación protectora de animales* 6Ac
Tisch la mesa ¡Hola!
Tischtennis *el tenis de mesa* 11Ac
Toast *la tostada* 10Ac
Tochter la hija 4Ac
toll guay *adj.* 5A
Tomate el tomate 10A
ein Tor schießen *meter un gol* 11Op.1

Tourist/in *el/la turista* 11Op.1
tragen *hier* llevar 9Ac
Trainingsanzug el chándal 9 Ac
trinken beber 5A
trotzdem *sin embargo* 11Op.3
T-Shirt la camiseta 9Ac
Tür la puerta ¡Hola!
Turm *la torre* 11Op.3
Turnier *el torneo* 11Ac
Turnschuhe las zapatillas (de deporte) 9Ac
typisch *típico/-a adj.* 10Ac

U

über encima de 3Ac; sobre *adv.* 6Ac/8Ac
über was? ¿de qué? 4A
überhaupt keine Ahnung haben no tener ni idea 4A
Überhaupt nicht! ¡No, qué va! 9Ac
Uhr el reloj 7Ac
Uhrzeit la hora 7Ac
Um wie viel Uhr? ¿A qué hora …? 7Ac
um zu + *Inf.* para + *inf. prep.* 3Ac
Umarmung *el abrazo* 11Op.1
unartig travieso/-a *adj.* 8A
und y *conj.* ¡Hola!; e *(vor /i/ + /hi/)* 8Ac
unruhig inquieto/-a *adj.* 6Ac
unser/e *(m./f./n./Sg.)* nuestro/-a 4A
unter debajo de *adv.* 3A
Unterricht la clase ¡Hola!
Unterrichtsstunde la clase ¡Hola!

V

Vater el padre 1A
verbringen *Zeit* pasar 10A
Vergnügungspark *el parque de atracciones* 11Op.2
verreisen (in den Ferien) *salir de vacaciones* 11Op.2
verschieden diferente *adj.* 7Ac
verstehen comprender 6Ac
viel mucho *adv.* 2Ac
viel mehr mucho más 2Ac
Viel Spaß! *etwa ¡Pásalo bien!* 11Ac
viel/e mucho/-a *adj.* 10A
viele Dinge *muchas cosas* 6Ac
vielen Dank *muchas gracias* 5A
vier cuatro *adj.* 4A
Vitamin la vitamina 10A
Vogel *el pájaro* 11Op.2
voll *lleno/-a adj.* 11Op.1
Volleyball *Sportart* el voleibol 8A
vom […] bis zum […] *Datum del […] al […] prep.* 11Ac
von de prep. 1Ac
von … aus. *Prep. örtlich* desde *prep.* 10A
von früher *de antes* 11Op.2
von / seit […] bis […] *Uhrzeit* desde la / las […] hasta la / las […] *prep.* 8Ac
vor, davor delante (de) 7A
vorbeigehen pasar (por) 9A
vorbereiten preparar 4A
vorher, davor antes *adv.* 7A
vorstellen *presentar* 11Op.3
vorziehen preferir (e/ie) 5A
Vulkan *el volcán* 11Op.2

W

Wahlfach *Schulfach* la Optativa 8Ac
Wahrheit la verdad 4A
während durante *prep.* 8Ac; mientras + verbo *conj.* 11Op.1
Wand la pared ¡Hola!
wann? ¿cuándo? 7A
warten (auf) *hier esperar* 11Op.1
Warum? ¿por qué? 4A
was (für)? ¿qué? 2Ac
Was gibt es dort? ¿Qué hay allí? 2Ac
Was gibt's? ¿Qué hay? 7A
Was ist das? ¿Qué es esto? 5Ac
Was ist los? Was gibt's? ¿Qué pasa? 5A
Was möchtest du essen / trinken? ¿Qué tomas? 5Ac
Was sagst du da! ¡qué dices! 10A
Waschmaschine la lavadora 9A
Wasser el agua 5Ac
Webseite la página web ¡Hola!
weil porque *conj.* 4A
Weile *el rato* 11Op.1
weinen *llorar* 11Op.3
Weintraube la uva 10A
weiss blanco/-a *adj.* 9Ac
weit *lejos adv.* 11Op.3
Wellensittich el periquito 6Ac
wenig/e poco/-a *adj.* 10A
weniger menos *adv.* 3A
wer? ¿quién? 1Ac/2A
[…] (Jahre alt) werden cumplir […] (años) 4A
Wettbewerb *la competición* 11Ac
wie como *adv.* 3A
Wie + *Adj.*! ¡Qué + *adj.*! 2A
Wie alt ist […]? ¿Cuántos años tiene […]? 4A
Wie geht's? ¿Qué tal? ¡Hola!
Wie heißt du? ¿Cómo te llamas? ¡Hola!
Wie ist + *Nomen*? ¿Qué tal + *sust.*? *adv.* 1A
Wie lästig / doof! ¡Qué palo! 8Ac
Wie lecker! ¡Qué rico! 2A
Wie sagt man … auf Spanisch? *¿Cómo se dice … en español?* ¡Hola! ej.
Wie schade! ¡Qué pena! 7A
Wie schreibt man das? *¿Cómo se escribe?* ¡Hola! ej.
Wie spät ist es? ¿Qué hora es? 7Ac
Wie viel macht das? ¿Cuánto es todo? 10A
wie viel/e? ¿cuánto/-a? 8Ac
wie? ¿cómo? ¡Hola!
wir nosotros/-as 1A
wirklich de verdad *adv.* 7A
wissen, können saber 6A
Witz el chiste 8A
witzig gracioso/-a *adj.* 6Ac
wo *donde adv.* 11Op.3
wo? ¿dónde? 2A
Woche la semana 8Ac
Wochenende el fin de semana 10Ac
Woher bist / kommst du? ¿De dónde eres? 1Ac
woher? ¿de dónde? 1Ac
wohin? ¿adónde? 7A
wohnen vivir 2A
Wohnung el piso 3A
Wohnzimmer el salón 3A
wollen querer (e/ie) 5A
Wort la palabra 8A
worüber? ¿de qué? 4A
wunderbar fenomenal adj. 11Op.2; estupendo/-a *adj.* 4A
Wurst el embutido 10Ac

Z

Zahl el número 7A
zärtlich cariñoso/-a *adj.* 6A
Zeit el tiempo 6A
Zeitschrift la revista 2A
Zeitung *el periódico* 11Op.3
Zentrum el centro 2Ac
ziemlich bastante *adv.* 10A
Zimmer la habitación 3Ac

Zoo *el (parque) zoológico* 11Op.2
zu a *prep.* 3A
zu Fuß gehen *ir a pie* 11Op.1
zu Hause en casa *adv.* 1A
zu spät kommen llegar tarde 7Ac
zubereiten preparar 4A
Zucker el azúcar 10A
zuerst primero *adv.* 7A
zufrieden contento/-a *adj.* 8A
zum Beispiel por ejemplo 10Ac
zum Glück menos mal que 10A
Zuneigung el cariño 6A,
zurückkommen (nach) volver (a) (o/ue) 6A
zusammen juntos/-as *adj.* 3A
zwei dos *adj.* 4A
zwischen entre *prep.* 3Ac
zwölf doce *adj.* 4A

LÖSUNGEN

Unidad 4 Seite 42 / 43

1. Fabio es el **abuelo** de Luis.
2. Marta es la **hermana** de Manuel.
3. Carmen es la **tía** de Carlos.
4. Carmen es la **madre** de Javi.
5. Cristina es la **prima** de Javi.
6. Julio es el **abuelo** de Cristina.
7. Carlos es el **hermano** de Cristina.
8. Manuel es el **tío** de Pablo.
9. Gonzalo es el **padre** de Pablo.
10. Cristina es la **prima** de Rafa.
11. Antonia es la **abuela** de Carlos.
12. Rafa es el **hermano** de Javi.
13. Manuel es el **tío** de Luis.
14. Pablo es el **primo** de Javi.
15. Mercedes y Fabio son los **abuelos** de Javi.
16. Marta es la **madre** de Luis.
17. Vera es la **tía** de Rafa.
18. Julio es el **padre** de Carmen.
19. Vera es la **hermana** de Carmen.
20. Carlos es el **primo** de Javi.

Seite 51

1. tu padre
2. mi madre
3. mi padre
4. tus tíos
5. hermanos
6. tu tía

BILDQUELLEN

Adpic: © Beutelstahl, © Dietrich, © Kuhne, **S. 58** – © Alicante C.F., **S. 85** (Mitte links), **S. 139** (unten) – © Concejalía de Juventud Alicante, **S. 117, S. 118** – © Comstock, **S. 29** (frutas, pastel, barra de pan) – © Cornelsen/IPS, **S. 10–11, S. 12, S. 13, S. 16, S. 17** (1., 5., 7.), **S. 20** (1., 5., 6.), **S. 21** (3., 4., 7.), **S. 23, S. 30–31, S. 39** (oben rechts), **S. 42, S. 48, S. 52–53, S. 54, S. 66** (oben rechts), **S. 85** (oben), **S. 88, S. 89, S. 95** (1.–5., 7.), **S. 111, S. 123** (unten rechts) – © Cornelsen, Ávalos, **S. 125** (Mitte); Belfils, **S. 9**; Grimm, **S. 17** (2., 4.), **S. 20** (1.), **S. 21** (3.), **S. 29** (Mitte u. unten links, Mitte rechts), **S. 39, S. 95** (6.); Grimm/© Quesada, **S. 115**; **S. 109** (links); Malinowski, **S. 39** (Mitte links); Homberg, **S. 104** (portraits); Petter-Zimmer, **S. 39** (Mitte rechts), **S. 63** (oben), **S. 120** (Mitte links); Schulz, **S. 22, S. 41** (unten), **S. 46, S. 49, S. 56, S. 57, S. 59, S. 98, S. 106**; Stephan, **S. 96** (2. Reihe links, 3. Reihe rechts), **S. 97** (2. Reihe links), **S. 104** (3. Reihe rechts u. links; 4. Reihe rechts) – © Digitalstock.de, **S. 29** (libro, bocadillo), **S. 58, S. 65** (2. und 3. Reihe links), **S. 70, S. 83, S. 121** (Reihe in der Mitte: 2. von rechts) – Fotolia: © Gynane, **S. 58**; © Pepple, **S. 62**; © Tolongas, **S. 71**; © Isselée, **S. 74**; © Sirena Designs, **S. 123** (oben) – © Instituto Costarricense de Turismo ICT, **S. 75** (unten), **S. 78** (oben rechts) – © Just-swift.com, **S. 65** (1. Reihe rechts), **S. 120** (oben rechts) – Pixelio, **S. 78** (oben links) – © Shotshop, **S. 65** (1., 2., 3. und 4. Reihe rechts), **S. 66** (unten rechts u. links), **S. 108** (oben u. unten links; oben rechts), **S. 109** (rechts), **S. 120** (oben 2. von links, 2. von rechts u. Mitte rechts), **S. 121** (Reihe in der Mitte: 1. von rechts und Mitte) – © Tierpark Hagenbeck, **S. 125** (unten) – Wikipedia: © Creative Commons/ Sn. Roman, Jorge E., **S. 140** (rechts); Wikipedia: GNU/© van der Woude, **S. 78** (unten rechts); Wikipedia: GNU/GFDL, **S. 140** (links); Wikipedia: GNU, **S. 121** (oben rechts), **S. 139** (links).

© Alonso, **S. 32**; Alonso/© Caparrós, **S. 17** (6.), **S. 29** (horchata u. oben links), **S. 65** (4. Reihe links), **S. 96** (1. Reihe links u. rechts; 2. Reihe rechts; 3. Reihe links und 4. Reihe links u. rechts), **S. 97** (1. Reihe rechts u. links; 2. Reihe Mitte u. rechts), **S. 104** (1. Reihe rechts u. links; 2. Reihe rechts), **S. 108** (unten rechts), **S. 124** (Mitte); Alonso/© Eske, **S. 119**; Alonso/© Hoffmann, **S. 20** (2), **S. 29** (oben u. unten rechts); Alonso/© de Rada, **S. 85** (unten rechts) – Barmer Gesundheitsmagazin 3/07: © Frank Koch, **S. 120** (unten rechts) – Fotofinder: © Siegfried Kuttig, **S. 121** (Reihe in der Mitte: 2. von links) – laif/REA: © Fourmy, **S. 41** (oben) – Mauritius/AGE Fotostock, **S. 26, S. 78** (unten links), **S. 120** (oben 1. von links) – Muy Junior, Ed. GJ, 2006, **S. 93** – Picture Alliance/EFE: © Guillen, **S. 102** (1. Reihe rechts); Picture Alliance: © Grimm, **S. 102** (2. Reihe rechts); © Khayat, **S. 102** (1. Reihe Mitte); © Landov Photopro, **S. 102** (2. Reihe Mitte), © Simon, **S. 102** (1. und 2. Reihe links).

ALICANTE
0 m
250 m
500 m
Colegio Nazaret
Ciudad Deportiva
Estadio José Rico Pérez
Pista de Atletismo
Pabellón Municipal
Antiguo Hipódromo
Piscina Municipal
Colegio Altozano
Colegio San Fernando
Ciudad Real
Diario Información
Centro de Tecnificación
Avenida Doctor Jiménez Díaz
Avenida del Doctor Rico
Castillo de San Fernando
Instituto Miguel Hernández
Instituto E. M. Jorge Juan
Padre R. de los Ríos
Albacete
Cuenca
Murcia
Av. Condes de Soto Ameno
Avenida Adolfo Muñoz Alonso
Plaza San Blas
Colegio Público Simón Llull
Pintor Gisbert
Gta. Poeta Vicente Mojica
BARRIO SAN BLAS
Avenida Salamanca
Avenida General Marva
Avenida Benito Pérez Galdós
Diputación Provincial
Avenida Estación
Plaza Luceros
Estación F. C. Madrid
Gta. De la Estrella
Aguilera
Avenida Maisonnave
Industria y Comercio
Avenida Doctor Gadea
Avenida Federico Soto
Tribunal Tutelar de Menores
Jijona
Instituto Sismológico
Avenida Alcoy
Avenida Carmelo Calvo
Plaza de Toros
Plaza España
Avenida Jaume II
Avenida Vázquez De Mella
Sanatorio
Castillo de Santa Bárbara
Mercado Central
Avenida Alfonso X El Sabio
Rambla Méndez Núñez
Comisaría de Policía
Ayuntamiento
Av. Juan B. Lafora
Avenida Jovellanos
Playa de Postiguet
Plaza Puerta del Mar
Plaza del Puerto
Aduana
Comandancia de Marina
Plaza Gabriel Miró
Explanada de España
Avenida Tomás y Valiente
Marina de Levante
Marina Deportiva

FIESTAS EN ESPAÑA

	Enero	Febrero	Marzo	Abril	Mayo	Junio
1	D	M	M	S		
2	L	J				
3	M	V				
4	M	S				
5	J	D				
6	V Reyes Magos	L				
					D Día de la madre	M
					L	J Moros y cristianos
					M	V Moros y cristianos
			V	L	M	S Moros y cristianos
			S			D Moros y cristianos
			D			L
			L			M
			M			M
			M Fallas			J
			J Fallas			V
			V Fallas			S
			S Fallas			D
			D Fallas Día del padre	M	V	L
			L	J	S	M Hogueras de San Juan
21	S	M	M	V	D	M Hogueras de San Juan
22	D	M	M	S	L	J Hogueras de San Juan
23	L	J	J	D Día del libro	M	V Hogueras de San Juan
24	M			L	M	S Hogueras de San Juan
25	M			M		
26	J			M		
27	V			J		
28	S			V		
29	D			S		
30	L			D		
31	M					

Los niños españoles sólo reciben el 6 de enero sus regalos de los **Reyes Magos**. El 5 de enero los Reyes Magos entran a la ciudad y regalan caramelos y golosinas.

En **Semana Santa** hay procesiones. La procesión más importante es el Viernes Santo.

La fiesta más famosa de San Blas son los **Moros y cristianos**. ¡Por las noches hay fuegos artificiales!

Durante las **Fallas**, los valencianos queman en las calles figuras de papel maché y madera.

¡Es **carnaval**! Las calles se llenan de alegría. Hay bailes y la gente lleva disfraces.

A finales de junio muchas ciudades y pueblos españoles hacen las famosas **hogueras de San Juan**.

Durante los **Sanfermines** hombres jóvenes corren por las calles de Pamplona y tras ellos corren toros.

Julio	Agosto	Septiembre	Octubre	Noviembre	Diciembre
				M	V 1
				J	S 2
				V	D 3
				S	L 4
				D	M 5
Sanfermines				L	Día de la Constitución española M 6
Sanfermines				M	J 7
Sanfermines				M	V 8
Sanfermines				J	S 9
Sanfermines				V	D 10
Sanfermines				S	L 11
Sanfermines M	S	M	Fiesta nacional de España J	D	M 12
Sanfermines J	D	M	V	L	M 13
Sanfermines V	L	J	S	M	J 14
S	M	V			
D	M	S			
L	J	D			
M	V	L			
M	S	M			
J	D	M			
V	L	J			
S	M	V			
D	M	S			
L	J	D			
M	V				Navidad L 25
M	S				M 26
J	D				M 27
V	L				J 28
S	M				V 29
D	M				S 30
L	J				Nochevieja D 31

Los españoles festejan la **Navidad** en familia. Chicos y grandes comen turrón y cantan juntos villancicos. En muchas casas hay un belén.

En la **Nochevieja**, justo cuando el reloj marca la medianoche, los españoles comen doce uvas para tener buena suerte en el año nuevo.

¡Apúntate! 1
Lehrwerk für Spanisch als zweite Fremdsprache

Im Auftrag des Verlages erarbeitet von
Joachim Balser, Alexander Grimm, Catherine Jorißen, Heike Kolacki und Ulrike Lützen

Redaktion Moderne Fremdsprachen:
Dr. Yvonne Petter-Zimmer (Projektleitung),
Úrsula Ávalos León, Heike Malinowski und Nadine Stephan

Assistenz:
Gabriela Alonso und Sabrina Battaglini

Beratende Mitwirkung:
Amparo Elices Macías, María José Gonzalo Tasis, Barbara Köberle und Frauke Wegener-Höllings

Illustrationen: Rafael Broseta y Zoografic und Joachim Balser
Karten: Dr. Volkhard Binder, Berlin
Umschlagfoto: © Corbis/RF
Gesamtgestaltung und technische Umsetzung: werkstatt für gebrauchsgrafik, Berlin

Begleitmaterialien zu Apúntate 1:

Vokabeltaschenbuch	ISBN 978-3-06-020571-4
Cuaderno de ejercicios	ISBN 978-3-06-020566-0
Grammatikheft	ISBN 978-3-06-020568-4
Mi cuaderno de gramática	ISBN 978-3-06-020593-6
Audio-CD	ISBN 978-3-06-020569-1
Handreichungen für den Unterricht	ISBN 978-3-06-020570-7
Folien	ISBN 978-3-06-020602-5

www.cornelsen.de

1. Auflage, 7. Druck 2014

Alle Drucke dieser Auflage sind inhaltlich unverändert und können im Unterricht nebeneinander verwendet werden.

Druck: Firmengruppe APPL, aprinta Druck, Wemding

ISBN 978-3-06-020565-3

PEFC zertifiziert
Dieses Produkt stammt aus nachhaltig bewirtschafteten Wäldern und kontrollierten Quellen.
www.pefc.de

Symbole und Verweise:

Partnerarbeit
Kettenübung
Gruppenarbeit
Schreiben
Hörverstehen
Spiel
1|2 Tracknummer
P Portfolio
Hinweis auf *Resumen*
Sprachmittlung
Hinweis auf Methodentraining oder Besonderheit
DELE *Diploma de Español como Lengua Extranjera*
GH 7|3.1 Verweis auf Grammatikheft
2|7 Verweis auf Übung in Cuaderno de ejercicios